MÉTODO DE ESPAÑOL PARA EXTRANJEROS

PRISMA
PROGRESA

PRISMA DE EJERCICIOS

María Ángeles Buendía Perni
María Bueno Olivares
Rosa María Lucha Cuadros

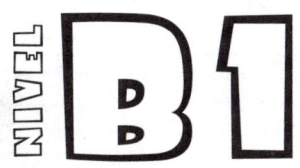

© Editorial Edinumen
© María Ángeles Buendía Perni, María Bueno Olivares y Rosa María Lucha Cuadros

ISBN: 978-84-95986-47-4
Depósito Legal: M-15606-2009
Impreso en España
Printed in Spain

Coordinación pedagógica:
María José Gelabert

Coordinación editorial:
Mar Menéndez

Ilustraciones:
Miguel Alcón

Diseño de cubierta:
Juan V. Camuñas y Juanjo López

Diseño y maquetación:
Opción K y Juanjo López

Editorial Edinumen
José Celestino Mutis, 4. 28028 - Madrid
Teléfono: 91 308 51 42
Fax: 91 319 93 09
e-mail: edinumen@edinumen.es
www.edinumen.es

Reservados todos los derechos. No está permitida la reproducción parcial o total de este libro, ni su tratamiento informático, ni transmitir de ninguna forma parte alguna de esta publicación por cualquier medio mecánico, electrónico, por fotocopia, grabación, etc., sin el permiso previo y por escrito de los titulares del copyright.

ÍNDICE

Ejercicios

Unidad 1	5
Unidad 2	13
Unidad 3	19
Unidad 4	25
Unidad 5	31
Unidad 6	37
Unidad 7	43
Unidad 8	49
Unidad 9	55
Unidad 10	61
Unidad 11	67
Unidad 12	73

Apéndice gramatical

UNIDAD 1

Presente	79
Pretérito perfecto	80
Pretérito indefinido	80
Pretérito imperfecto	81
Condicional	82

UNIDAD 2

Pretérito pluscuamperfecto	82
Conectores de discurso	82

UNIDAD 3

Imperativo verbos regulares	85
Imperativo verbos reflexivos	85
Imperativo verbos irregulares	85
Otros imperativos irregulares	86

UNIDAD 4

Presente de subjuntivo. Verbos regulares	87
Presente de subjuntivo. Verbos irregulares	88
Usos del subjuntivo	89

UNIDAD 5

Morfología verbal	90
Usos del futuro imperfecto	90
Usos del futuro perfecto	90
Usos del condicional simple	90
Formular hipótesis	91

UNIDAD 6
Probabilidad con subjuntivo 92
Pronombres y adjetivos indefinidos 92

UNIDAD 7
Expresiones de valoración con infinitivo 93
Expresiones de valoración con subjuntivo 93
Expresiones para confirmar una realidad con indicativo 94
Expresiones para confirmar una realidad con subjuntivo 94
Expresar la opinión 94
Preguntar por la opinión 95
Uso de los pronombres en la expresión de la opinión 95
Expresar acuerdo y desacuerdo 95
Marcadores de discurso 97

UNIDAD 8
Ser y *estar* 97
Ser y *estar* + adjetivo 98
Oraciones de relativo 100

UNIDAD 9
Oraciones temporales I 101
Oraciones temporales II 103

UNIDAD 10
Oraciones causales 103

UNIDAD 11
Oraciones consecutivas 105
Oraciones finales 105
Usos de *por* y *para* 106

UNIDAD 12
Pretérito perfecto de subjuntivo 106

Claves
Unidad 1 109
Unidad 2 110
Unidad 3 111
Unidad 4 112
Unidad 5 113
Unidad 6 113
Unidad 7 114
Unidad 8 114
Unidad 9 115
Unidad 10 116
Unidad 11 117
Unidad 12 117

Glosario 119

Unidad 1

1.1. Lee el siguiente texto y escribe los verbos en presente.

La juventud española

El 80% de los jóvenes españoles entre 18 y 29 años (vivir) .... con sus padres. (Haber) .... varios motivos que (poder) .... explicar por qué (permanecer) .... tanto tiempo en sus casas. Por un lado, (encontrar) .... dificultades económicas: la vivienda (ser) .... muy cara y los sueldos muy bajos. Además, los jóvenes españoles (conseguir) .... con muchas dificultades un puesto de trabajo estable, muchas empresas (ofrecer) .... solo trabajos temporales.

Pero no (haber) .... únicamente razones económicas. La mayoría de los jóvenes (reconocer) .... que (sentirse) .... muy bien en casa y (creer) .... que (tener) .... una buena relación con sus padres. Pero lo cierto es que apenas (realizar, ellos) .... tareas domésticas y (pedir) .... a sus padres dinero para sus gastos y mucha libertad, especialmente con los horarios.

A diario, los jóvenes españoles (levantarse) .... entre las 8 y las 9 de la mañana, y (acostarse) .... a las doce, aunque los fines de semana las cosas (cambiar) ....: (salir, ellos) .... por la noche, especialmente los viernes y los sábados, y la mayoría (volver) .... a su casa después de las cuatro de la mañana, así que los domingos (dormir, ellos) .... hasta mediodía.

Muchos (practicar) .... deporte diariamente: (jugar) .... al tenis, al fútbol o (ir) .... a gimnasios, pero muy pocos (leer) .... o (realizar) .... actividades culturales. La mitad de ellos (decir) .... ser católico no practicante. No (tener, ellos) .... demasiado interés por la política, aunque (exigir) .... a sus gobernantes soluciones a sus problemas, especialmente el paro.

En el futuro (querer, ellos) .... casarse y formar una familia, aunque no antes de los 25 años. (Pensar) .... que la familia ideal (ser) .... aquella en la que hombre y mujer (trabajar) .... fuera de casa y (distribuirse) .... las tareas del hogar.

(Adaptado de www.geocities.com)

1.2. Clasifica los verbos del texto y también los del recuadro en la tabla que tienes a continuación.

> coger • venir • estar • hacer • construir • traducir • saber • seguir • poner • conducir • cocer • morir • corregir • crecer • sentarse

VERBOS REGULARES	IRREGULARIDADES VOCÁLICAS			
	e > ie	o > ue	e > i	u > ue
vivir	sentirse	poder	pedir	jugar
coger	venir	morir	seguir	
estar	sentarse			
hacer				

PRISMA • NIVEL B1. **PROGRESA**

OTROS VERBOS IRREGULARES

Haber, permanecer ....
....
....

(Ver apéndice gramatical)

1.3. Completa el texto con los verbos del recuadro en la forma correcta.

> afectar • compartir • decir • encontrarse • enfrentarse • enriquecerse • gastar • ganar • hacer • lograr • pensar • respetar • satisfacer • solucionar • tener • usar

Entre las necesidades más básicas de la vida diaria _se encuentran_ la vivienda y el empleo. Sin embargo, nuestro desarrollo físico, emocional y espiritual, va más allá de _satisfacer_ nuestras necesidades primarias. También es importante _tener_ el apoyo de nuestros amigos, familia, vecinos y compañeros de trabajo. Para _lograr_ la armonía en nuestras relaciones, es esencial _respetar_ las cosas que tenemos en común y las que nos _hacen_ diferentes de otras personas. La diversidad en que vivimos es evidente en nuestra cultura, edad, religión, raza, orientación sexual, así como en nuestro idioma y estilo de vida. Cuando _compartimos_ con otros nuestra individualidad y juntos trabajamos por el bien de la familia y de la comunidad, nuestras vidas _se enriquecen_.

Los adolescentes de hoy viven en una época llena de oportunidades. Mientras nos _enfrentamos_ a los retos de la escuela, de nuestras relaciones y de la vida, también _pensamos_ en nuestro futuro. Es fácil sentirnos desanimados. Las divisiones que existen a causa de la raza, sexo, discapacidad, u orientación sexual nos _afectan_ a todos. A veces no sabemos qué hacer para _solucionar_ los problemas de la violencia, las drogas y la discriminación.

Muchas veces _gastamos_ más de lo que _ganamos_. En esta sociedad de consumidores, los anuncios nos _dicen_ que debemos comprar, comprar y comprar. Es fácil gastar dinero de una manera irracional, pero con práctica podemos cambiar la forma en que _usamos_ nuestro dinero.

(Adaptado de *La Guía del Bienestar*, UC Berkeley)

1.4. Escribe el verbo correctamente: ¿perfecto o indefinido?

1. Últimamente (hacer, yo) _he hecho_ menos deporte y por eso (engordar) _he engordado_ un poco.
2. Imagino que Luis (levantarse) _se ha levantado_ muy tarde porque anoche (volver) _volvió_ a casa a las cuatro de la mañana.
3. Esta mañana (ir, nosotros) _hemos ido_ al banco, (abrir) _hemos abierto_ una cuenta y nos (regalar, ellos) _han regalado_ un DVD.
4. El día de mi cumpleaños (organizar, yo) _organicé_ una fiesta con todos mis amigos. (Venir) _vino_ mucha gente pero nadie me (traer) _trajo_ un regalo.
5. La semana pasada (conocer, yo) _conocí_ a la mujer de mi vida. No sé cómo (poder) _he podido_ vivir sin ella.
6. En 1981 (haber) _hubo_ en España un intento de golpe de Estado.
7. ▷ ¿(Ver, vosotros) _habéis visto_ la nueva película de Almodóvar?
   ▶ Sí, la (ver, nosotros) _vimos_ ayer y nos (encantar) _encantó_.
8. Hace dos días que (irse, ellos) _se han ido_ y todavía no me (llamar) _han llamado_.

9. ▷ ¿Dónde (poner, tú) _has puesto_ mis gafas?
   ▶ Las (dejar, yo) _dejé_ encima de tu mesa.

10. Siempre (tener, él) _ha tenido_ problemas con las matemáticas; el año pasado (suspender) _suspendió_ el examen y este año (suspender) _ha suspendido_ otra vez.

1.5. Clasifica los conectores del ejercicio anterior en estas dos tablas.

PRETÉRITO PERFECTO	PRETÉRITO INDEFINIDO
Últimamente	anoche
esta mañana	
todavía no	
siempre	
nunca	
ya alguna vez	
este fin de semana	

Clasifica también estos marcadores.

nunca • el jueves • ese día • este fin de semana • en Navidad • hasta ahora • aquella primavera • alguna vez • ese año • hace diez minutos • el día 14 • aún no

1.6. Elige la forma correcta: ¿imperfecto o indefinido?

Sucedió/sucedía a la entrada del pueblo de Ollantaytambo, cerca de Cuzco. Yo me despedí/despedía de un grupo de turistas y estuve/estaba solo, mirando las ruinas de piedra, cuando un niño de allí, delgado y sucio, se acercaba/se acercó y me pidió/pedía mi lapicero. Yo no pude/podía regalarle mi lapicero, porque lo estaba/estuve usando para escribir unas aburridas anotaciones, pero le ofrecí/ofrecía dibujarle un cerdito en la mano.

Rápidamente yo me encontré/encontraba rodeado de niños que exigieron/exigían, gritando, dibujos de animales en sus pequeñas y sucias manos. Algunos quisieron/querían un cóndor, otros preferían/prefirieron loros o lechuzas y otros pedían/pidieron un fantasma o un dragón.

Y entonces un niño muy pequeño y solo me enseñaba/enseñó un reloj dibujado en su muñeca.

—"Me lo enviaba/envió mi tío, que vive en Lima" dijo/decía.

—"Y ¿funciona bien?" le pregunté/preguntaba yo.

—"Atrasa un poco" respondió/respondía.

(Adaptado de *El libro de los abrazos* de Eduardo Galeano)

1.7. Si quieres saber algo más sobre algunos de los grandes inventos de la humanidad, completa el ejercicio con las formas correctas del indefinido o el imperfecto y tendrás la solución.

La imprenta (S. XV). Johann Gutenberg, el alemán que (inventar) _____ la imprenta de tipos metálicos móviles, (ignorar) _____ que en China ese mecanismo (existir) _____ ya desde 1040. Nadie lo (saber) _____ en Europa. Se trata de dos inventos paralelos y casi exactos, pero separados por 400 años y varios miles de kilómetros de distancia.

El primer libro impreso por Gutenberg (aparecer) .... en 1455: una biblia, pero (ser) .... causa de su ruina. Gutenberg (tener) .... que ceder su negocio a sus acreedores y (desaparecer) .... de la historia, entre otras razones porque no (tomar) .... la precaución de dejar su nombre impreso en sus libros. La imprenta (esparcirse) .... por Europa, y enseguida (acabar) .... con el monopolio eclesiástico de la palabra escrita y con el latín como idioma único de cultura; (acelerar) .... la llegada del Renacimiento y (apresurar) .... las revoluciones política, industrial y económica. Además, (posibilitar) .... la explosión protestante, al poner en manos del pueblo libros de todo tipo a precios más o menos asequibles y en idiomas más accesibles para el hombre de la calle que el latín.

La pólvora (S. IX). La pólvora se (inventar) .... en China en el siglo IX. A comienzos del XII, los chinos (usar) .... armas de fuego para defenderse de los tártaros, y con ellas (conquistar) .... el norte de China durante los dos siglos siguientes. La pólvora (llegar) .... a Europa en 1324, y, según cierta leyenda, (ser) .... un monje peregrino quien comunicó la receta: carbón vegetal, azufre y salitre, al abad de un monasterio donde (dormir) .... una noche. Más tarde se (saber) .... que aquel peregrino (ser) .... el demonio. La pólvora (empezar) .... a usarse en Europa, y (dar) .... tanta fuerza a los reyes, únicos con dinero para fabricarse armas, que el poder de la aristocracia feudal (disolverse) .... muy pronto en la semi-nada.

El arte de comer fuera de casa (1120). Según la tradición europea, los primeros restaurantes (surgir) .... en París a consecuencia de la Revolución Francesa. Los cocineros de los nobles guillotinados los (poner) .... para tener trabajo. La tradición asiática dice que (ser) .... en la ciudad china de Kaifeng en 1120. Con un millón de habitantes, (ser) .... la capital del país. El burócrata Men Yuan-Lao (escribir) .... en su diario que en Kaifeng (empezar) .... a surgir de pronto auténticos restaurantes: con menús, jefe de cocina, maître y camareros, y una exigente clientela, que (quejarse) .... al menor fallo. "Y el maître (despedir) .... al cocinero culpable o, cuando menos, lo (dejar) .... ese día a medio sueldo", escribe Men Yuan-Lao.

Ambas teorías son compatibles: la europea se refiere a los primeros restaurantes de Europa; la asiática a los primeros del mundo. Y una cosa queda fuera de duda: Men Yuan-Lao es el primer crítico gastronómico del mundo. Antes no (haber) .... restaurantes, solo cocinas que (dar) .... lo que (haber) .... ese día sin opción a queja o elogio.

(Adaptado de www.el-mundo.es/larevista)

1.8. Escribe el verbo en el tiempo correcto del pasado.

1. ▷ Ayer, mientras (estar, yo) .... viendo la televisión, me (llamar) .... mi madre y no (poder) .... ver el final de la película. ¿Sabes tú cómo (terminar) ....?

   ▶ Al final la policía (descubrir) .... quién (ser) .... el asesino y la chica (casarse) .... con el detective.

2. ▷ ¿Sabes por qué no (venir) .... Marisa?

   ▶ No estoy seguro, pero (oír, yo) .... que ayer (comer) .... algo en mal estado, esta mañana aún (encontrarse) .... mal y (tener) .... que ir al médico.

3. ▷ Cuando yo (vivir) .... en Sevilla, me (gustar) .... pasear por la orilla del Guadalquivir. La Torre del Oro (reflejarse) .... en el agua y toda la ciudad (oler) .... al perfume de los naranjos.

▶ ¿(Vivir, tú) .... mucho tiempo allí?

▷ (Estar) .... allí durante 10 años.

4. Antes (soler, yo) .... practicar deportes de riesgo: (hacer) .... barranquismo, rafting, etc. Me (gustar) .... mucho. Pero desde que (tener) .... el accidente y (romperse) .... la pierna no (volver) .... a hacerlo.

5. ▷ ¿Qué te (parecer) .... la exposición que te (recomendar, yo) .... la semana pasada?

▶ Pues al principio (pensar, yo) .... que (estar) .... bien, pero después de ver muchos cuadros, (sentirse) .... un poco decepcionado porque no (conseguir) .... entender qué (querer) .... expresar el artista. La verdad es que no me (gustar) .... mucho.

1.9. El ayer de... ¿Quieres saber algo sobre el pasado y el presente de algunas famosas modelos? Escribe los verbos en una forma correcta del pasado y tendrás la respuesta.

Claudia Schiffer

En octubre de 1987 la joven Claudia Schiffer (encontrarse) .... bailando en una discoteca de Dusseldorf, Alemania, cuando el cazatalentos Michel Levaton, director de la agencia Metropolitan, le (sugerir) .... trabajar en el mundo de la moda. Ella (aceptar) .... su invitación y (viajar) .... a París, ciudad en la que (iniciar) .... su ascenso hasta el universo de las 'top models'.

A sus 33 años, todavía Claudia Schiffer sigue conservando el atractivo que siempre la (caracterizar) .... y que (marcar) .... un canon de belleza durante la década de los 90. Actualmente, sigue trabajando como modelo, aunque no con tanta frecuencia como antaño. De hecho, su principal ocupación es su hijo, Caspar Matthew, que (nacer) .... el 30 de enero de 2003.

Nieves Álvarez

Nieves Álvarez (ser) .... tan solo una adolescente cuando (ganar) .... un famoso concurso de modelos en 1992. Desde ese momento esta bellísima madrileña (alcanzar) .... la fama no solo en España, sino también en el extranjero. Uno de sus mayores triunfos (ser) .... convertirse en una de las *top models* preferidas del modisto francés Yves Saint Laurent.

Sin embargo, el mundo de la moda no solo le (proporcionar) .... triunfos profesionales. En el ámbito personal, también le (traer) .... grandes alegrías; (ser) .... entre desfile y desfile cuando (encontrar) .... al amor de su vida, el fotógrafo Marco Severini, con el que (casarse) .... el 30 de abril de 2002. Su matrimonio no (significar) .... un inconveniente para seguir trabajando. Así, es habitual verla en las principales pasarelas españolas de moda y posando en reportajes fotográficos y catálogos publicitarios.

Cindy Crawford

Antes de convertirse en una mega modelo, Cindy (querer) .... ser ingeniero químico y (tener) .... unas notas excelentes en sus estudios de secundaria. Luego (asistir) .... a la Northwestern University durante un semestre.

La historia de Cindy Crawford es la típica historia de telenovela, la muchacha pobre que un día (conseguir) .... la fama y (hacerse) .... rica, bueno casi, no (ser) .... realmente pobre, pero no (tener) .... el suficiente nivel financiero ni social. Ahora, irónicamente, es una de las supermodelos mas reconocidas y mejor pagadas. Cindy (ser) .... la imagen de Pepsi por un tiempo, sus anuncios (introducir) .... la nueva imagen de Pepsi y la campaña publicitaria (ser) .... la mejor del año 1991.

(Adaptado de la revista *Hola*)

1.10. Completa la tabla de los verbos regulares en condicional.

	Hablar	Beber	Escribir
Yo	hablaría	....	....
Tú	....	....	escribirías
Él/ella/usted	....	....	....
Nosotros/as	....	beberíamos	....
Vosotros/as	hablaríais	....	....
Ellos/ellas/ustedes	....	beberían	....

(Ver apéndice gramatical)

1.11 En el siguiente recuadro hay diferentes verbos, pero solo algunos son irregulares en condicional. Encuéntralos y completa con ellos las frases.

> hacer • pensar • comer • decir • realizar • dormir • valer • haber • salir • vivir • viajar • poder • quedar • tener • encontrar • alquilar • ir • venir • caber • poner • oír • entender • querer • ver • saber

1. Yo que tú no me .... ese jersey, hace demasiado calor.
2. (Tú) .... que hablar con él antes de tomar una decisión.
3. Yo nunca .... con una persona como él.
4. ¿(Vosotros) .... decirme cuál es la capital de Colombia?
5. Nosotros, en tu lugar, le .... la verdad.
6. Buenos días, (yo) .... un billete de ida y vuelta para Bogotá.
7. ▷ No sé si ir de vacaciones a la playa o hacer turismo rural. ¿Qué .... tú en mi lugar?
   ▶ Pues, sinceramente, yo no .... qué hacer.

8. ¿Crees que .... esta cama en nuestro dormitorio?

9. Yo, en vuestro lugar, iría a mi fiesta disfrazado de payaso. *als Clown verkleidet*

10. Aquí tendrían que poner una señal de tráfico.

11. ¿Cuánto valdría pasar un fin de semana en un hotel de cinco estrellas?

1.12. Lee los siguientes problemas y relaciónalos con sus soluciones.

1. Mañana tengo un examen muy importante, pero me han robado la mochila con todos mis libros y apuntes.

2. Mi mejor amigo me ha prestado su camisa favorita y la he manchado de vino tinto.

3. El mejor amigo de mi novio está enamorado de mí. Mi novio no sabe nada y yo no quiero que rompan su amistad.

4. Tengo 19 años y estoy enamorado de una mujer de 30, queremos casarnos, pero mi familia se opone. Además, voy a empezar mis estudios universitarios.

5. Tenemos una hija de 35 años que todavía vive con nosotros. Tiene un buen trabajo y un piso propio, pero no quiere independizarse. Estamos hartos.

6. Hace 3 años que trabajo en la misma empresa. Soy un buen trabajador, responsable, ordenado y me gusta mi trabajo. Pero mi jefe no me valora, no me da responsabilidades y no me sube el sueldo.

A. Hablar con tu jefe, exigir lo que crees que te corresponde y, si no funciona, cambiar de trabajo.

B. Pagar el tinte y regalarle bombones.

C. Ir a estudiar con un compañero.

D. Cambiar la cerradura de vuestra casa y así no podrá entrar. Hacerle la vida imposible.

E. Hablar seriamente con el amigo.

F. Seguir con los estudios y con la relación, pero sin casarse.

1	2	3	4	5	6
☐	☐	☐	☐	☐	☐

1.13. Redacta los consejos utilizando las estructuras necesarias: "yo en tu lugar", "deberías", "yo que tú", etc.

1. Tendrías que ir a estudiar con un compañero ....

2. ....

3. ....

4. ....

5. ....

6. ....

1.14. Lee el texto y contesta verdadero (V) o falso (F).

La juventud española discrimina a las mujeres

Madrid, 31 de julio, 2001 (CIMAC).—Uno de cada cuatro adolescentes españoles tiene opiniones claramente discriminatorias hacia la mujer, según un estudio financiado por el Instituto de la Mujer y realizado por la Universidad Complutense de Madrid.

El 23% de los varones de 14 a 18 años considera justificado que las mujeres ganen menos dinero que los hombres en el mismo puesto de trabajo porque ellas "son menos productivas", y cree que las mujeres solo deberían trabajar fuera de casa "si pueden a la vez ocuparse de la familia y el hogar".

El estudio informa de que "sigue existiendo peligro de violencia del hombre hacia la mujer". En este caso, el 12% de los adolescentes encuestados piensa que si una mujer es maltratada por su marido es porque "ha hecho algo para provocarlo" y entre un 10% y un 15% de los chicos responsabiliza en parte a las víctimas de la violencia sufrida.

Los autores de la investigación han exigido el desarrollo de programas específicos en los centros educativos para potenciar la figura de las mujeres. La razón es que muchos adolescentes no son capaces de mencionar a ninguna mujer destacada a lo largo de la historia relacionada con el arte, la ciencia o la política. Además, muchos menores no saben nada de la existencia de movimientos feministas, no saben qué es el sexismo ni qué es la democracia paritaria.

(Adaptado de www.cimac.org.mx/noticias)

	verdadero	falso
1. El estudio ha sido realizado por el Instituto de la Mujer.	☐	☐
2. Los adolescentes creen que, en los casos de violencia, la responsabilidad es únicamente del agresor.	☐	☐
3. Todavía existe riesgo de violencia hacia las mujeres.	☐	☐
4. Los adolescentes creen que es justo que las mujeres cobren menos dinero que los hombres.	☐	☐
5. La mayoría de los adolescentes está informada sobre los problemas que afectan a las mujeres	☐	☐
6. Los menores opinan que la mujer solo puede trabajar fuera de casa si es capaz, al mismo tiempo, de cuidar a su familia.	☐	☐

¿Has aprendido palabras nuevas? ¡Escríbelas!

Unidad 2

2.1. Completa las frases con el pretérito pluscuamperfecto.

1. Estoy leyendo *El Quijote*, pero ya lo (leer) .... antes.
2. ¡Qué isla tan bonita! Nunca (estar, yo) .... en un lugar así.
3. Cuando llegamos a la fiesta, los invitados ya (marcharse) ....
4. No sabía que Marta y Luis (volver) .... de sus vacaciones.
5. Cuando el tren salió de la estación todavía no (amanecer) ....
6. Esta mañana he ido al banco pero, desgraciadamente, los ladrones (llegar) .... antes que yo.
7. Al llegar a casa nos dimos cuenta de que (perder) .... las llaves.
8. La profesora nos preguntó si (hacer) .... los ejercicios.
9. Llegué a España en enero y un mes después ya (conseguir) .... encontrar un trabajo.
10. Cuando entré en la cocina vi que el arroz (quemarse) ....

2.2. Escribe el verbo en la forma correcta del pasado.

María Luisa tuvo que vender el anillo de diamantes que su marido, José Javier, le (regalar) .... antes de casarse. Dos meses más tarde José Javier le (preguntar) .... qué (hacer, ella) .... con el anillo, porque hacía mucho tiempo que no lo (usar, ella) .... Ella le (contestar) .... que lo (perder) .... pero que no (saber) .... dónde y que no le (decir) .... nada para no preocuparlo. Él (buscar) .... el anillo en los lugares donde María Luisa (estar) .... últimamente, pero nadie lo (ver) ....

Mientras tanto, María Luisa (intentar) .... recuperar el anillo: (ir) .... a la casa de empeños donde lo (vender) .... pero alguien lo (comprar) .... Entonces María Luisa, desesperada, (volver) .... a su casa y le (contar) .... la verdad a José Javier: (perder, ella) .... una partida de póquer y (necesitar) .... el dinero para pagar la deuda. Le (explicar, ella) .... que (volver, ella) .... a la casa de empeños para recuperarlo, pero que el anillo ya no (estar) .... María Luisa, muy triste, (empezar) .... a llorar. En ese momento su marido (sacar) .... una cajita del bolsillo de su chaqueta y se la (entregar, él) ....

¡¡Dentro de la caja (estar) .... el anillo!!

2.3. Elige la forma correcta del verbo entre las opciones que te damos más abajo y sabrás mucho más sobre uno de los directores españoles más populares.

Gracias a su película *Los Otros* el joven director español Alejandro Amenábar **(1)** .... el aplauso del público y de la crítica fuera de España. Esta película **(2)** .... en el año 2001 y está protagonizada por Nicole Kidman y producida por Tom Cruise.

La relación entre Amenábar y Cruise **(3)** .... en el año 1997, cuando el director **(4)** .... su segunda película, *Abre los Ojos*. Esta película

(5) .... un gran éxito en España y le **(6)** .... tanto a Tom Cruise, que **(7)** .... comprar los derechos y, además, **(8)** .... en la versión estadounidense, *Vanilla Sky*.

Pero antes de triunfar en el extranjero, Amenábar ya **(9)** .... gran cantidad de premios en España con su primera película, *Tesis* (1996), que **(10)** .... siete importantes premios Goya, entre los que **(11)** .... el premio al Mejor Director y a la Mejor Película. En aquellos momentos Amenábar **(12)** .... solo 22 años pero ya antes **(13)** .... algunos cortometrajes mientras **(14)** .... sus estudios en la Facultad de Ciencias de la Información.

Alejandro Amenábar **(15)** .... en 1972 en Santiago de Chile y un año después su familia **(16)** .... a Madrid, España. En 1990 **(17)** .... sus estudios de Imagen y Sonido en la Universidad Complutense de Madrid y casi al mismo tiempo **(18)** .... su camino como director de cortometrajes.

- **(1)** obtenía, había obtenido, ha obtenido.
- **(2)** se rueda, se rodó, se ha rodado.
- **(3)** ha comenzado, comenzó, comenzaba.
- **(4)** estrenó, estrena, había estrenado.
- **(5)** era, fue, ha sido.
- **(6)** había gustado, gustaba, gustó.
- **(7)** decidía, decidió, ha decidido.
- **(8)** participaba, ha participado, participó.
- **(9)** había recibido, recibió, recibía.
- **(10)** obtenía, había obtenido, obtuvo.
- **(11)** se habían encontrado, se encontraban, se encontraron.
- **(12)** tenía, tuvo, ha tenido.
- **(13)** ha dirigido, dirigió, había dirigido.
- **(14)** realizó, había realizado, realizaba.
- **(15)** había nacido, nació, nacía.
- **(16)** se ha trasladado, se traslada, se trasladó.
- **(17)** empezó, ha empezado, había empezado.
- **(18)** iniciaba, inició, había iniciado.

2.4. En España casi todo el mundo ha oído hablar de Manolito Gafotas, un niño con una visión muy particular del mundo. Aquí tienes un fragmento de sus aventuras; léelo y elige la opción correcta entre las formas de pasado.

El otro día *habíamos estado/estábamos* jugando en un descampado que hay al lado de la cárcel de Carabanchel, cuando un coche *paraba/paró* bruscamente. Yo *pensé/pensaba* lo normal, que *vinieron/venían* a secuestrarnos, a robarnos o a comprar nuestro silencio. Por si acaso, me *puse/había puesto* detrás del Imbécil porque a mí el instinto de supervivencia es un instinto que me funciona a las mil maravillas, y hago todo lo que puedo para salvarme en situaciones difíciles. Todos nos *quedábamos/quedamos* paralizados: Yihad, Arturo Román, Paquito Medina, el Orejones... solo *se oía/se oyó* el chupete del Imbécil, porque cuando se pone nervioso acelera el ritmo de chupeteos por minuto.

Entre el polvo que *levantaban/habían levantado* las ruedas al frenar nos *había parecido/pareció* ver a un enano que *se bajaba/se había bajado* del coche. Cuando *salió/salía* el enano de la nube de polvo *había resultado/resultó* que no *fue/era* un enano, *fue/era* un niño. *Se quedó/se quedaba* enfrente de nosotros sin saber qué decir. Luego *había salido/salió* un hombre que sería su padre y le *dijo/decía*:

– Venga, llevamos toda la mañana buscándolo y ahora te vas a quedar callado.

¿Buscando a quién?, *se habían preguntado/se preguntaron* todas nuestras mentes. El niño por fin *se atrevió/se atrevía* a hablar:

– Estoy buscando a Manolito Gafotas.

Todos mis amigos me *señalaron/habían señalado*. El Imbécil *se sacaba/se sacó* el chupete y me *señaló/había señalado*. Ellos son como yo, su instinto de supervivencia también está muy desarrollado, y son capaces de entregar al primer desconocido que pase a su mejor amigo o a su hermano si es necesario. Como yo al mío. Y no es por falta de cariño, es que el famoso instinto de supervivencia empieza por uno mismo.

De todas formas, era/fue fácil adivinar que yo había sido/era el Gafotas, teniendo en cuenta que soy el único en mi panda que lleva gafas.

– Es que he leído el libro sobre tu vida, *Pobre Manolito,* y tengo algunas dudas –dijo/decía el niño, y *se sacaba/se sacó* un papel del bolsillo.

Las dudas del niño eran/fueron las siguientes:

1. ¿Por qué llamas al Imbécil el Imbécil?
2. ¿Desde cuándo llevas gafas?
3. ¿Cuál es el verdadero nombre del Orejones López?
4. ¿Por qué Susana se llama Bragas-Sucias?
5. ¿Cuándo se compró tu abuelo su primera dentadura postiza?

(Adaptado de Manolito Gafotas, *¡Cómo molo!,* Elvira Lindo)

2.5. En la siguiente sopa de letras hay 11 conectores discursivos. Te damos uno como ejemplo ("sin embargo"). Encuentra los otros diez.

```
C A V E C T U A I K L A E C O S
U O N A O K O L U J A D T R C E
R Y M I K J A C O Y H A M A R X
Y U I O F R A A C B I S C U E A
I E E Y E J O B R I C O Q T Q R
T U N Y S A P O R T A N T O D U
Z A T G Q U E D I M L O A H A Y
W E R Y U M G E N O F E O I P R
A Z A I E S B U I M I N I K O E
L I S O D R U I N O N E T G R V
M O J I U M O A C X A S A N O O
I R O N U I J S A L E T A T J
S E R J E N G O M E M I U R G
M U Y B E V M O U Y I O F L O R
O C R A N Y R B R E A M A I L A
T U E H E U Y R A R T E R T A E
I X W G O I N J U R J N O A D S
E T O Y A E V J U O G T E C O C
M U I U L I M Y U E S O C R T E
P O R U N L A D O R U Y S I Y Z
O L J F A E G O M B I Y E A F B
```

2.6. Completa las siguientes frases con los conectores del ejercicio anterior.

1. .... no tengo dinero no puedo salir esta noche.
2. No he podido venir antes, ... me he quedado dormido.
3. ¿Por qué no preparas la cena .... yo pongo la mesa?
4. José Javier y M.ª Luisa se casaron en 2001 y .... un año se divorciaron.
5. Has suspendido cinco asignaturas y .... tienes que repetir el curso.
6. ▷ ¿Sabes cómo terminó el partido?
   ▶ Pues, ... empataron.
7. Todo el mundo sabe que la contaminación es un gran problema, ... algunos gobiernos no toman suficientes medidas para mejorar la situación.
8. Estaba estudiando en la universidad, ... trabajaba como repartidor de pizzas.
9. Cuando salía de casa, justo .... empezó a llover.
10. .... el trabajo me parece muy interesante, pero .... el sueldo no es muy alto.

2.7. Relaciona las expresiones de la columna de la izquierda con su definición en la columna de la derecha.

1. Cortar por lo sano.
2. Volverse loco.
3. Estar a punto de + inf.
4. Dejarse engañar.
5. Caer en la trampa.
6. Coger el toro por los cuernos.
7. De un tirón.

A. Enfrentarse con valor a los problemas para solucionarlos.
B. Creer todo lo que alguien dice sin cuestionarlo.
C. Realizar una acción sin hacer pausa.
D. Encontrarse en una situación negativa debido a un engaño de alguien que quiere obtener un beneficio.
E. Utilizar el medio más drástico para solucionar o acabar con un problema.
F. Se usa para expresar que algo gusta tanto que provoca una reacción de placer o alegría muy intensa.
G. Faltar muy poco tiempo para que una acción se realice o suceda.

1	2	3	4	5	6	7

2.8. Completa las siguientes frases con una de las expresiones anteriores.

1. La situación era tan insoportable que tuve que ....
2. Cuando empiezo a comer chocolate .... y no puedo parar.
3. Tenemos que darnos prisa, la película ....
4. No hay que ....: parece todo muy barato, pero en realidad no lo es.
5. Finalmente, gracias a la policía, los ladrones ....
6. No puedes evitar el problema; tienes que .... y solucionarlo.
7. He estado trabajando doce horas ....

2.9. Completa de manera adecuada la biografía del escritor Mario Benedetti:

El escritor Mario Benedetti (nacer) *nació* en Paso de los Toros (Tacuarembó, Uruguay) el 14 de septiembre de 1920. (Educarse) .... en el Colegio Alemán de Montevideo y en el Liceo Miranda. (Trabajar) *trabajó* como vendedor, taquígrafo, contable, funcionario público y periodista. Entre 1938 y 1941 (residir) *residió* casi continuamente en Buenos Aires, y, en 1945, de regreso a Montevideo, (integrarse) *se integró* en la redacción del célebre semanario *Marcha*, donde (formarse) *se formó* como periodista. Ese mismo año, 1945, (publicar) *publicó* su primer libro de poemas, *La víspera indeleble*.

A la aparición de su primera obra ensayística, *Peripecia y novela* en 1948, (seguir) *siguió*, en 1949, su primer libro de cuentos, *Esta mañana*, y, un año más tarde, los poemas de *Sólo mientras tanto*. En 1953 (aparecer) .... *Quién de nosotros*, su primera novela, pero es el volumen de cuentos *Montevideanos* (1959) –en los que toman forma las principales características de la narrativa de Benedetti– el que (suponer) .... su consagración como escritor. Con su siguiente novela, *La tregua* (1960), Benedetti (adquirir) .... proyección internacional: la obra (tener) _____ más de un centenar de ediciones, (ser) _____ traducida a diecinueve idiomas y llevada al cine, el teatro, la radio y la televisión. Por razones políticas, (deber) _____ abandonar su país en 1973, iniciando así un largo exilio de doce años que lo (llevar) _____ a residir en Argentina, Perú, Cuba y España.

Su amplia producción literaria abarca todos los géneros, incluso famosas letras de canciones, y suma más de setenta obras, pero entre ellas destacan sus recopilaciones poéticas *Inventario* e *Inventario Dos*, los cuentos de *La muerte y otras sorpresas* (1968), *Con y sin nostalgia* (1977) y *Geografías* (1984), las novelas *Gracias por el fuego* (1965) y *Primavera con una esquina rota*, que en 1987 recibió el Premio Llama de Oro de Amnistía Internacional, así como la irrepetible novela en verso *El cumpleaños de Juan Ángel*.

2.10. Ahora escribe tu biografía. No olvides utilizar conectores temporales para relacionar los acontecimientos.

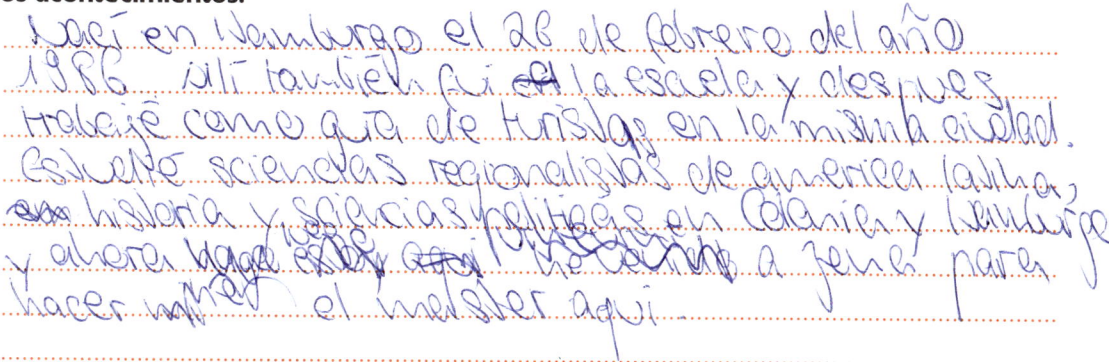

2.11. Lee el siguiente texto.

Aquel preso soñó que estaba preso. Con matices, claro, con diferencias. Por ejemplo, en la pared del sueño había un **afiche** de París; en la pared real solo había una oscura mancha de humedad. En el piso del sueño corría una lagartija; desde el suelo verdadero lo miraba una rata.

El preso soñó que estaba preso. Alguien le daba masajes en la espalda y él empezaba a sentirse mejor. No podía ver quién era, pero estaba seguro de que se trataba de su madre, que en eso era experta. Por el **amplio ventanal** entraba el sol **mañanero** y él lo recibía como una señal de libertad. Cuando abrió los ojos no había sol. El **ventanuco** con barrotes daba a otro muro de sombra.

El preso soñó que estaba preso. Que tenía sed y bebía abundante agua helada. Y el agua le **brotaba** por los ojos en forma de **llanto**. Cuando despertó, los ojos estaban secos. A esas alturas, el preso decidió que era mejor soñar que estar preso. Cerró los ojos y se vio con un retrato de Milagros entre las manos, pero él quería a Milagros en persona, con una sonrisa **amplia** y un camisón **celeste**. No quería despertarse, pero se despertó y no había nadie, ni foto ni Milagros ni camisón celeste.

El preso soñó que estaba preso. Su madre había **cesado** los masajes, entre otras cosas porque hacía años que había muerto. Milagros le decía adiós desde un parque pero en la **celda** no había parque, de manera que, incluso dentro del sueño, tuvo conciencia de que estaba soñando. Cuando abrió los ojos, el **camastro** de siempre le transmitió un frío insoportable. Intentó calentar sus manos con el aliento, pero no podía respirar. Allá, en el rincón, la rata lo seguía mirando.

No tenía radio ni reloj ni libros ni lápiz ni cuaderno. A veces cantaba bajito, pero cada vez recordaba menos canciones. De niño también había aprendido algunas oraciones que le había enseñado la abuela. Pero ahora ¿a quién le iba a rezar?

Después de incontables sueños, una tarde un guardia le ordenó levantarse, porque le habían concedido la libertad. A la salida no lo esperaba nadie. Empezó a caminar. Caminó **como** dos días, durmiendo al borde del camino o entre los árboles. Cuando por fin llegó a casa de su hermana, ella casi se desmayó por la sorpresa. Estuvieron abrazados como diez minutos. Después de llorar un rato, ella le preguntó qué pensaba hacer. Por ahora, una ducha y dormir, estoy francamente **reventado**. Después de la ducha, ella lo llevó hasta un **altillo**, donde había una cama. No un camastro **inmundo**, sino una cama limpia, blanda y decente. Durmió más de doce horas de un tirón. Curiosamente, durante ese largo descanso, el ex preso soñó que estaba preso. Con lagartija y todo.

Soñó que estaba preso, Mario Benedetti (adaptado)

2.12. Sustituye las palabras en negrita del texto por una de las palabras o expresiones siguientes:

lágrimas • cartel • dejado • ventana pequeña • más o menos • agotado • sucio • desván
calabozo • ventana grande • cama pobre • salía • grande • azul cielo • de la mañana

afiche: ....
amplio ventanal: ....
mañanero: ....
ventanuco: ....
brotaba: ....
llanto: ....
amplia: ....
celeste: ....

cesado: ....
celda: ....
camastro: ....
como: ....
reventado: ....
altillo: ....
inmundo: ....

2.13. De los siguientes adjetivos, ¿cuáles utilizarías para definir la celda real y cuáles para definir la celda del sueño?

espaciosa • luminosa • pobre • cómoda • fría • cómoda • oscura • solitaria • grande
soleada • alegre • acogedora • húmeda • inmunda • cálida

CELDA REAL	CELDA SOÑADA
....	....
....	....
....	....
....	....
....	....
....	....
....	....

2.14. Escribe los antónimos de las siguientes palabras (puedes escribir más de uno).

Inmundo: ....
Cálido: ....
Abundante: ....
Humedad: ....
Cómodo: ....
Blando: ....
Decidido: ....

Unidad 3

3.1. Lee el siguiente texto sobre cómo conseguir una espalda saludable y bonita. Completa los huecos con la forma de imperativo de los verbos del cuadro (escribe los pronombres de OD o OI que sean necesarios).

> colocar • permanecer • mantener • usar (2) • evitar • inclinarse • hacer (2)
> • aplicar (2) • extender • cruzar • acostarse • levantar • practicar • pedir

Consejos para mantener una espalda saludable.

Tener una espalda bonita es una tarea que además de suerte genética requiere cuidados especiales. La mayoría de la gente solo piensa en su espalda cuando siente dolor. Pero cuidar esta parte del cuerpo para que se mantenga saludable no solo ayuda a verse y sentirse más atractivo, sino que contribuye a eliminar y prevenir ese incómodo dolor que ataca la cintura, la parte media de la espalda o la base del cuello.

Estos cuidados y ejercicios son válidos tanto para hombres como para mujeres, pues ambos quieren verse y sentirse bien con su cuerpo.

1. .... una crema exfoliante para la espalda por lo menos dos veces al mes. .... con masajes circulares, con la ayuda de un cepillo especial para baño.

2. .... siempre una buena postura.

3. .... ejercicio regularmente. La natación es el deporte más conveniente para mantener una espalda saludable y en forma.

4. .... el sobrepeso, la primera afectada es siempre su espalda.

5. .... a su médico suplementos que incluyan vitaminas B12, B6 y B1, que refuerzan los músculos y los nervios.

6. No .... en la misma posición durante más de una hora.

7. Siempre que tome el sol, ... bronceador con factor de protección 30 ó más.

8. Siempre que se acueste boca abajo, ... una almohada bajo su estómago, le ayudará a mantener la curvatura de la espalda.

9. Sentada con las piernas separadas, flexionadas levemente y manteniendo la espalda recta, ... hacia delante tratando de tocar los pies con las manos. .... diariamente tres series de 10, 15 ó 20 repeticiones según su resistencia.

10. *Aplíquese* .... duchas de agua caliente y fría, para estimular el tono muscular y la circulación sanguínea.

11. .... una colchoneta en el suelo, ... boca abajo, ... las manos detrás de la cadera y .... el pecho del suelo lo máximo posible. .... diariamente tres series de 10, 15 ó 20 repeticiones.

(Texto adaptado, *El tiempo*/Revista Carrusel)

3.2. Aquí tienes una serie de consejos para realizar una entrevista de trabajo. Completa los huecos con el verbo en imperativo en la forma usted.

1. .... (Ser) puntual.
2. .... (Vestirse) adecuadamente: no .... (llevar) ropa demasiado informal. .... (dar) la mano a su entrevistador/a con firmeza, pero no le .... (romper) un hueso.
3. No .... (sentarse) antes que su entrevistador.
4. No .... (tumbarse) en la silla, ... (mantener) el cuerpo erguido.
5. Durante la entrevista no .... (jugar) con su pelo, no .... (cruzar) las piernas, ni los brazos.
6. .... (Comportarse) con naturalidad, pero .... (tratar) de usted a su entrevistador/a.
7. No .... (evitar) mirar a los ojos a su entrevistador/a.
8. .... (Responder) a las preguntas con claridad. No .... (alargar) demasiado sus respuestas ni .... (ser) demasiado breve.
9. No .... (mentir), ... (modificar) la realidad.

3.3. M.ª Luisa se ha ido de viaje y ha dejado a su hijo una nota con instrucciones. Transforma los infinitivos en imperativos utilizando los pronombres.

Ejemplo: *Entregar al profesor los deberes.* → Entrégaselos.

1. Lavarse las manos antes de comer.
2. Dar la comida al perro.
3. Ponerse el pantalón nuevo.
4. Poner el collar al perro para pasear con él.
5. Limpiar tu habitación.
6. Regar las plantas.
7. Dejar tus juguetes a tu hermana.
8. Hacer los deberes todos los días.

En la nota, M.ª Luisa le dice también a su hijo lo que no debe hacer.

Ejemplo: *No molestar a tu hermana.* → No la molestes.

9. No ver la tele hasta muy tarde.
10. No abrir la puerta a desconocidos.
11. No comerse todos los dulces.
12. No poner la música muy alta.
13. No quitar el dinero a tu hermana.
14. No abrir la jaula al canario.
15. No utilizar el ordenador durante mucho tiempo.

3.4. Aquí tienes unas expresiones con partes del cuerpo. Relaciónalas con su significado.

1. Estar hasta las narices.
2. Hacerse la boca agua a alguien.
3. Estar con el agua al cuello.

A. Tener un mal día.
B. Hablar muchísimo.
C. Estar cansado de una persona o de una situación.

4. Echar una mano a alguien.
5. Ir/andar de cabeza.
6. No dar pie con bola.
7. Poner a mal tiempo buena cara.
8. Hablar por los codos.
9. No pegar ojo.
10. Levantarse con mal pie.

D. Ayudar a alguien.
E. Tener muchísimo trabajo.
F. Tener muchos problemas económicos.
G. Sentir hambre de repente.
H. Equivocarse mucho, no hacer nada correctamente.
I. No poder dormir.
J. No perder el optimismo ante los problemas.

3.5. Ahora completa las siguientes frases con las expresiones que has aprendido.

1. .... de mi novio, siempre llega tarde.
2. ¡Qué bien huele! Cada vez que paso por la pastelería de la esquina ....
3. Desde que dejé el trabajo .... ya no puedo ni pagar el alquiler.
4. Este fin de semana me traslado de apartamento. ¿Puedes .... ?
5. Pepe no ha podido venir a la fiesta porque .... en la oficina. Desde que despidieron a su compañero tiene el doble de trabajo.
6. En el examen de hoy no .... He confundido el imperfecto con el indefinido.
7. He suspendido el examen de español, mi novia me ha dejado y me han despedido del trabajo, pero yo siempre .... porque soy muy optimista.
8. Cada vez que me encuentro con mi vecina pierdo media hora porque (ella) .... y no puedo interrumpirla.
9. Con este calor es imposible ....
10. Ayer Laura estaba insoportable; .... y estaba enfadada con todo el mundo.

3.6. Clasifica los consejos que te damos a continuación en las siguientes categorías.

> Evita la monotonía para mantener viva la pasión • No le llames •
> Ten una actitud positiva • Conserva a tus amigos de siempre • Compartid parte de
> vuestro tiempo libre • Muéstrate tal como eres • No olvides nunca su cumpleaños •
> Mantened vuestra independencia • Habla con tus amigos de tus sentimientos •
> No te obsesiones en encontrar pareja • Ten seguridad en ti mismo/a • Relaciónate
> con la gente • Intenta tener una buena relación con su familia • Haz ejercicio físico
> para superar el enfado • Recuerda todos los rasgos negativos de tu ex •
> Cuida tu aspecto • No pienses en los buenos momentos que habéis pasado juntos •
> Distráete: ve al cine, sal con gente, haz cosas para olvidar tu preocupación

Consejos para conseguir pareja	Consejos para ser feliz con tu pareja	Consejos para olvidar un amor

3.7. ¿ERES UN BUEN ANFITRIÓN?

Estrategias para triunfar entre tus amistades

El éxito de una celebración depende en gran medida de la empatía y capacidad organizativa del anfitrión. La experta en relaciones públicas Diane White ofrece algunos consejos en su libro *Ideas y trucos para recibir amigos en casa* (Ed. Victor).

Lee estas pautas sin pensar en ti y escribe los verbos en imperativo:

(Si quieres practicar con la forma usted, también tienes las soluciones al final).

a) .... (Ser) organizado y previsor si quieres una fiesta perfecta: .... (citar) a los invitados a la misma hora y .... (tener) bebida o comida para todos los gustos.

b) .... (Adoptar) una actitud amable y divertida. .... (ofrecer) tu mejor sonrisa, sincera, por supuesto, y .... (olvidarse) de preocupaciones y problemas: hablar de ellos puede ensombrecer la reunión.

c) .... (Evitar) ser el centro de atención y .... (convertirse) en mediador entre los invitados.

d) .... (Conseguir) que se relacionen entre sí: .... (hacer) las presentaciones convenientes.

e) .... (Usar) la empatía, ... (preocuparse) de que todos se sientan a gusto, es tu primera y más importante función.

f) .... (Resolver) los posibles problemas con tranquilidad, ... (evitar) los enfrentamientos o las reacciones que pueden contagiar nerviosismo.

g) En el momento de una tertulia, ... (adoptar) discretamente el papel de moderador neutral.

h) Y lo más importante: .... (tratar) a tus invitados con la hospitalidad que te gustaría recibir fuera de casa.

(Adaptado de la revista *Psicología Práctica*)

3.8. Lee los siguientes textos.

INVÍTALES A UN CÓCTEL

Desde los clásicos a los más vanguardistas; dulces, amargos, fuertes, ligeros... los hay para todos los gustos. No los dejes pasar y pon una nota de color a tus noches de verano.

Sobre el origen del cóctel hay casi tantas leyendas como países en el mundo. No se sabe muy bien el origen del cóctel, aunque sí se sabe que la idea apareció en algún punto de América. Algunos creen que fue el rey Axolot VII, en México, el primero en utilizar la palabra y en mezclar bebidas en las reuniones de protocolo que ofrecía. Otros creen que el cóctel se originó en Cuba y para otras personas el cóctel apareció en una taberna mexicana en la que los ingredientes de las bebidas se mezclaban con la raíz de una planta llamada cola de gallo (cock-tail, en inglés).

La primera referencia escrita es del año 1806: el 13 de mayo de ese año el Nueva York Balance publicó lo siguiente: "Un cóctel es una bebida estimulante compuesta de un licor de cualquier tipo, azúcar, agua y *bitters*, que se sirve durante las campañas electorales". Desde entonces ha llovido mucho y está claro que cualquier ocasión es buena para degustar un buen cóctel. Por otro lado, cada vez hay más combinaciones con nuevos ingredientes. Hoy día hay cócteles de todo tipo y para todos los gustos, aunque hay algunos clásicos que es obligatorio probar.

LOS GRANDES CLÁSICOS

En primer lugar tenemos el Margarita, una combinación de tequila, limón, azúcar y angostura, que debe su nombre a la esposa de un famoso hacendado que vivió en México en los años 20. Tenemos también el Cuba Libre, nacido, obviamente, en Cuba, y que consiste en una mezcla de ron cubano y Coca-cola. Otro de los grandes clásicos es el Bloody Mary, que ha salvado a mucha gente de los efectos de la resaca. Lo inventó un camarero neoyorquino en los años 20 y está compuesto de vodka, zumo de tomate, limón, pimienta, sal y tabasco. Otros cócteles famosos son el Daiquiri, el Dry Martini, el Mojito, la Piña Colada y muchos más.

Los cócteles son refrescantes y muy sabrosos. Además del Bloody Mary, existen otros buenos remedios para calmar las resacas: los egipcios tomaban col hervida, los asirios recomendaban el pico de golondrina y el escritor Thackeray fue el primero en recomendar la cerveza suave. Lord Byron prefería luchar contra la resaca tomando vino blanco y soda. Otra recomendación contra la resaca es beber mucha agua, o probar el Polynesian Pick-me-up, una mezcla de hielo con un chorrito de vodka, media cucharadita de curry en polvo, una cucharadita de zumo de limón, un chorrito de tabasco y pimienta de Cayena.

Si quieres preparar los mejores cócteles hay algunos utensilios que son imprescindibles en cualquier cocina: lo principal es tener una buena coctelera donde mezclar con habilidad los ingredientes. Además necesitas una cubitera para el hielo, pinzas para servirlo y una colección de vasos originales. Por último, solo necesitas un poco de imaginación para crear tus propias mezclas.

3.9. Escribe la forma correcta de los verbos en imperativo (tú) y sabrás cómo preparar los mejores cócteles.

BRISA MARINA

Ingredientes: vodka, zumo de arándanos, zumo de uva, lima cortada en rodajas, hielo.

Preparación: (combinar) .... en una coctelera el vodka con los zumos. (Picar) .... el hielo y (llenar) .... hasta la mitad dos vasos. (Echar) .... el contenido de la coctelera en los vasos, (añadir) .... un chorrito de lima y (decorar) .... el vaso con rodajas de lima.

NEGRONI

Ingredientes: campari, vermouth, ginebra y una naranja.

Preparación: (cortar) .... la naranja en rodajas, (llenar) .... los vasos de hielo y (añadir) .... el campari, el vermouth y la ginebra. (Colocar) .... tres rodajas de naranja como decoración.

SANGRÍA SUMATRA

Ingredientes: mosto, ron blanco, Cointreau y zumo de limón.

Preparación: (mezclar) .... el mosto bien frío con el ron y el Cointreau y (poner) .... un par de cucharadas de zumo de limón. Si te gustan las bebidas dulces, (impregnar) .... el borde del vaso con azúcar. No lleva hielo.

KIWI SURPRISE

Ingredientes: kiwis cortados en rodajas, ginebra y un chorrito de azúcar derretida.

Preparación: (triturar) .... los kiwis en un mortero y (añadir) .... el hielo, la ginebra y el sirope de azúcar. (Machacar) .... todo en el mortero y (echar) .... el resultado en vasos muy fríos.

GINGER FIZZ

Ingredientes: 3 finas rodajas de jengibre, vodka, vino blanco espumoso.

Preparación: (mezclar) .... el vodka con el jengibre en un mortero y (triturar) .... todo. (Poner) .... hielo y (agitar) .... la mezcla. (Echar) .... el resultado en vasos de champán y (añadir) .... por último el vino espumoso.

(Adaptado de la revista *Glamour*)

3.10. Contesta con verdadero o falso.

	verdadero	falso
1. El cóctel es una bebida de origen inglés.	☐	☐
2. Los mexicanos fueron los creadores del cóctel.	☐	☐
3. Al principio el cóctel solo se servía en ocasiones formales.	☐	☐
4. Los cócteles se hacen siempre con el mismo tipo de ingredientes.	☐	☐
5. El cóctel más famoso contra las resacas es el Margarita.	☐	☐
6. La mayoría de los cócteles mencionados contienen azúcar.	☐	☐
7. Se sirven normalmente fríos.	☐	☐

3.11. Tu fiesta ha sido un gran éxito: has conseguido ser un buen anfitrión y sorprender a tus invitados con tus cócteles. Sin embargo, después de la fiesta, tu casa tiene un aspecto horrible. A continuación te ofrecemos algunos trucos. Completa los huecos con el imperativo y sabrás cómo limpiar bien con menos esfuerzo.

(Si quieres practicar con la forma usted, también tienes las soluciones al final.)

1. Para eliminar el desagradable olor a comida que se extiende por toda la casa (echar, tú) .... un chorro de vinagre sobre la sartén todavía caliente. Y si tus manos huelen a cebolla (frotárselas, tú) .... con vinagre y nadie lo notará.

2. Si los invitados han puesto sus manos llenas de grasa sobre el espejo del baño (humedecer, tú) .... una esponja con alcohol y amoniaco y (pasarla, tú) .... por la superficie del espejo.

3. Uno de tus invitados te ha ayudado a fregar pero no lo ha hecho muy bien y tienes un vaso atascado dentro de otro. Para separarlos (llenar, tú) .... el superior con agua fría y (sumergir, tú) .... el inferior en agua caliente.

4. Después de la fiesta tu casa huele a tabaco y no es suficiente con abrir las ventanas. Para eliminar ese desagradable olor (poner, tú) .... recipientes con agua y vinagre o granos de café en diferentes lugares de la casa.

5. Para que las rosas que te han regalado duren más tiempo (hervir, tú) .... agua y (sumergir, tú) .... en ella los tallos antes de colocarlas en un jarrón.

6. Ahora tienes una colección de manchas de café y vino tinto en el sofá. Para eliminar el café (frotar, tú) .... la mancha con hielo. (Eliminar, tú) .... las manchas de vino tinto con sal o vino blanco. Pero si tu sofá es de cuero y está muy sucio (aplicar, tú) .... pequeñas cantidades de crema nutritiva de cara o de manos. (Extenderla, tú) .... y (dejar, tú) .... que se absorba.

7. En tu moqueta ha aparecido una extraña mancha marrón. Para eliminarla (poner, tú) .... vinagre y alcohol a partes iguales, (frotar, tú) .... la mancha, (aclararla, tú) .... con agua y (secarla, tú) ....

(Adaptado de la revista *Mía*)

Unidad 4

4.1. Seguro que cuando eras pequeño leías cuentos antes de dormir. ¿Recuerdas qué deseos tenían los personajes de algunos de los cuentos clásicos? Elige el verbo adecuado y escríbelo en la forma correcta del subjuntivo.

> • morder • crecer • enamorarse • casarse • comerse • llevarse
> • transformarse • ser • encontrarse • convertirse • despertarse

1. La madrastra de *Cenicienta*: ¡Ojalá el príncipe **se enamore** de una de mis hijas!
2. La gente de *Hamelin*: ¡Ojalá el flautista **se lleve** a todas las ratas fuera del pueblo!
3. El príncipe de *La Bella Durmiente*: ¡Ojalá esta bella joven **se despierte** con mi beso!
4. *Pinocho*: ¡Ojalá **me convierta** en un niño de verdad!
5. La Reina Malvada de *Blancanieves*: ¡Ojalá **muerda** la manzana!
6. El lobo de *Los Tres Cerditos*: ¡Ojalá **me coma** a estos cerditos tan sabrosos!
7. *Caperucita Roja*: ¡Ojalá no **me encuentre** con el lobo en el bosque!
8. *Peter Pan*: ¡Ojalá no **crezca** nunca y **sea** un niño para siempre!
9. *La Bestia*: ¡Ojalá Bella **se case** conmigo!
10. *El Patito Feo*: ¡Ojalá **me transforme** en un pato muy hermoso!

4.2. Escribe a continuación los deseos de otros personajes. No olvides usar la estructura ojalá + subjuntivo.

1. El lobo de Caperucita: ....
2. Bella: ....
3. Los Siete Enanitos: ....
4. Cenicienta: ....
5. El Flautista de Hamelin: ....

4.3. Completa el siguiente crucigrama con las formas del presente de subjuntivo y descubre el nombre de una película de Pedro Almodóvar.

1. **Llamar**, 3.ª persona del plural. *llamen*
2. **Amanecer**, 3.ª persona del singular.
3. **Volar**, 2.ª persona del plural.
4. **Saber**, 3.ª persona del plural.
5. **Haber**, 2.ª persona del singular.
6. **Decir**, 2.ª persona del singular.
7. **Entender**, 3.ª persona del singular.
8. **Colgar**, 3.ª persona del plural.
9. **Pedir**, 1.ª persona del plural.
10. **Soñar**, 1.ª persona del singular.
11. **Salir**, 2.ª persona del plural.
12. **Cerrar**, 2.ª persona del singular.
13. **Conocer**, 1.ª persona del plural.

1. _ _ _ _ _ _ _
2. _ _ _ _ _ _ _
3. _ _ _ _ _ _
4. _ _ _ _ _
5. _ _ _ _ _
6. _ _ _ _ _
7. _ _ _ _ _
8. _ _ _ _ _ _
9. _ _ _ _ _
10. _ _ _ _ _
11. _ _ _ _ _ _
12. _ _ _ _ _
13. _ _ _ _ _ _ _ _

Título de la película:

....

4.4. Completa las siguientes frases con los verbos en presente de subjuntivo.

1. ▷ Mañana tengo un examen. Espero que no (ser) **sea** muy difícil.
   ▶ Que te (ir) **vaya** bien.

2. ▷ El próximo domingo nos vamos todos de vacaciones. Espero que (divertirse, nosotros) **divertamos**.
   ▶ Pues yo espero que no (llover) **llueva**, porque últimamente tenemos muy mala suerte con el tiempo.

3. ▷ ¿Sabes que Pancho tiene una nueva novia?
   ▶ ¿Sí? ¡No me digas! Pues ojalá (tener, él) **tenga** más suerte con ella, porque con Bea lo pasó muy mal, el pobre.

4. ▷ Chicos, lleváis 3 horas estudiando ¿Queréis que os (traer, yo) **traiga** algo de comer?
   ▶ Sí, gracias mamá.

5. ▷ A. Soy el genio de la lámpara de Aladino y te concedo tres deseos.
   ▶ Pues, deseo que mi casa (convertirse) **se convierta** en un palacio y que la princesa Madeleine (enamorarse) .... de mí. Mi último deseo es que (haber) .... paz en el mundo.

4.5. En las siguientes notas faltan los verbos. Escríbelos en la forma correcta.

Ejemplos: *Quiero que Juan venga a la fiesta.*

Quiero comprarme un coche nuevo.

1.

José Javier, cariño, necesito **que vayas** (ir, tú) al supermercado y .... (comprar, tú) azafrán, porque quiero .... (hacer) una paella mañana.

2.

Srta. Gracita,
La señora Morales quiere .... (llamar, usted) por teléfono al señor Landa y le .... (decir, usted) que necesita .... (tener) el informe mañana por la mañana.

3.

Queridos amigos,
Deseo ~~que paséis~~ (pasar, vosotros) una feliz Navidad y ~~tengáis~~ (tener, vosotros) un próspero Año Nuevo.
Besos,
    M.ª Luisa

4.

Muchas gracias Marta por invitarme a tu boda, pero por desgracia no puedo asistir. Te envío un regalo, espero ~~que te guste~~ (gustar, tú).

4.6. **Completa el siguiente diálogo entre Quique y sus amigos con la forma correcta del verbo entre paréntesis. Recuerda escribir "que" cuando sea necesario.**

Quique, el hijo de M.ª Luisa y José Javier, está con sus amigos (Pancho, Javi, Bea, Desi, Tito y Piraña) para organizar el próximo fin de semana.

Quique: ¿Qué podemos hacer este fin de semana?

Javi: Pues hay un concierto fantástico el sábado por la noche. ¿Queréis _que vayamos_ (ir, nosotros)?

Tito: ¡Pero yo no puedo ir! Mis padres no quieren _que salga_ (salir, yo) por la noche.

Piraña: A mí mis padres tampoco me dejan. Yo prefiero _que_ (quedar, nosotros) más temprano y _juguemos_ (jugar, nosotros) al fútbol.

Bea: Todos los sábados hacemos lo mismo. ¡Estoy hasta las narices!

Pancho: Pues ¿qué quieres _____ (hacer, nosotros)? ¿Tienes una idea mejor?

Bea: ¡Pues sí! Desi, ¿por qué no vamos tú y yo de compras? Necesito _que renovar_ (renovar, yo) mi vestuario.

Desi: Pero Bea, ya fuimos la semana pasada. Yo prefiero _____ (estar, nosotros) todos juntos.

Quique: ¡Chicos! Mis padres se van fuera el fin de semana. ¿Queréis _____ (organizar, nosotros) una fiesta en mi casa?

Todos: ¡Síííííííí!

4.7. **Completa las frases con el verbo en el tiempo y la forma correcta.**

Ejemplo: *Mis padres no me* permiten que fume.

1. Te ordeno que (volver) _____ antes de medianoche.

2. Mis padres no me permiten que (tener) _____ un gato.

3. Hijo mío, te aconsejo que no (perder) _____ el tiempo y (estudiar) _____ mucho más.

4. ¡Estoy harta! Todos los días mis padres me mandan que (sacar, yo) _____ la basura.

5. Les he pedido a mis padres que me (regalar) _____ una moto, pero me han dicho que (ser, yo) _____ demasiado joven.

6. Papá, mi profesor me ha recomendado que (ir, yo) _____ a España para (mejorar) _____ mi pronunciación.

7. Lo siento, chicos, mis padres me han prohibido que (hacer, nosotros) _____ la fiesta en casa.

4.8. Completa las frases con un verbo del recuadro en la forma correcta de infinitivo o subjuntivo. No olvidéis escribir "que" cuando sea necesario.

> • no preocuparse • comprarme • vigilarle • pedir • viajar • tener • disfrutar • dejarle • comparar • trabajar • regalarme • vivir • buscar

1. Si no sabe qué hacer en vacaciones y quiere ....vivir.... nuevas experiencias, le aconsejamos .... con nosotros a mil y un lugar y .... de las hermosas historias que le vamos a hacer vivir.

2. ▷ ¿Está seguro de que este es el mejor detergente del mercado?
   ▶ ¡Claro que sí! De todas formas, si no me cree, le recomiendo ...., ..., y si encuentra algo mejor, cómprelo.

3. Si quieres .... energía, come un plátano cada día.

4. Espero que mis padres .... la moto porque quiero .... este verano y en Pizzaboom necesitan repartidores.

5. Mis padres me han prohibido .... a mis abuelos .... la moto.

6. ▷ Estoy muy preocupada con mi hijo Quique porque últimamente sale con unos chicos muy raros y no sé qué hacer.
   ▶ Yo te aconsejo .... tanto, ... un poco más de libertad pero .... de cerca y si ves que tiene un comportamiento extraño le pones unas normas más estrictas.

4.9. Lee el siguiente texto.

La misma especie, mundos diferentes

Los hombres y las mujeres son diferentes. Eso no significa que unos sean mejores que otros, sino que sencillamente son diferentes. Una de las pocas cosas que tienen en común es que ambos pertenecen a la misma especie, pero viven en mundos diferentes, con diferentes valores que corresponden a normas divergentes. Todo el mundo lo sabe, pero son muy pocos, sobre todo cuando se trata de hombres, los que están dispuestos a aceptarlo.

En los países occidentales alrededor del 50% de los matrimonios terminan en divorcio y la mayoría de las relaciones que se consideran serias terminan al poco de establecerse. Independientemente de la cultura, religión o raza, todos los hombres y mujeres rebaten la opinión, la actitud y las creencias de su pareja.

Algunas diferencias resultan obvias:

Cuando un hombre va al aseo suele ir por una única razón, mientras que las mujeres utilizan los lavabos como salas sociales y habitaciones terapéuticas. Es absolutamente verosímil que dos mujeres que entran en el lavabo siendo desconocidas salgan convertidas en amigas íntimas y de por vida. Por el contrario, en el caso de los hombres, la gente sospecharía si uno grita al otro: "Hey, Manolo, voy al lavabo, ¿quieres venir conmigo?"

Los hombres se apoderan del mando a distancia del televisor y les encanta cambiar de canal mientras que a las mujeres, normalmente, les da igual ver los anuncios publicitarios. Cuando están sometidos a una gran presión, los hombres beben alcohol e invaden otros países, mientras que las mujeres prefieren comer chocolate e ir de compras.

Las mujeres critican a los hombres por ser insensibles y descuidados, por no escuchar, por no ser afectuosos y comprensivos, por no comunicarse, por no expresarles todo el amor que ellas necesitan, por no comprometerse en las relaciones, por preferir el sexo a hacer el amor y por dejar la tapa del inodoro levantada.

Los hombres critican a las mujeres por su forma de conducir, por no entender las guías, por mirar los mapas al revés, por su falta del sentido de la orientación, por hablar demasiado sin ir al grano, por no tomar la iniciativa en el sexo más a menudo y por bajar la tapa del inodoro.

Parece que los hombres nunca son capaces de encontrar nada, pero siempre tienen ordenados los compact-discs alfabéticamente. Las mujeres siempre son capaces de encontrar el juego de llaves que se había extraviado, pero nunca encuentran el camino más corto para ir a un sitio.

Los hombres se creen el sexo más sensato. Las mujeres saben que lo son.

(Adaptado de *¿Por qué los hombres no escuchan y las mujeres no entienden los mapas?*)

4.10. **Relaciona una de las frases de la primera columna con otra frase de la segunda columna.**

1. Hombres y mujeres
2. Hombres y mujeres
3. Pocos hombres aceptan
4. En los países occidentales
5. Todas las personas

A. son muy críticas con sus pareja.
B. que los valores de las mujeres son diferentes.
C. tienen pocas cosas en común.
D. tienen comportamientos diferentes.
E. la mitad de los matrimonios termina separándose.

4.11. **Di si las siguientes afirmaciones son verdaderas o falsas según el texto.**

	verdadero	falso
1. Los hombres prefieren que alguien los acompañe al lavabo.	☐	☐
2. Los hombres quieren que el mando a distancia sea siempre de su propiedad.	☐	☐
3. En general, los hombres escapan de sus problemas con actitudes agresivas.	☐	☐
4. Las mujeres prefieren que los hombres sean menos comunicativos.	☐	☐
5. Para las mujeres, pocos hombres son suficientemente cariñosos.	☐	☐
6. Para los hombres, las mujeres son las mejores conductoras.	☐	☐
7. Los hombres prefieren que las mujeres sean más activas en el sexo.	☐	☐
8. Las mujeres siempre bajan la tapa del inodoro.	☐	☐
9. Los hombres son, en general, muy ordenados.	☐	☐
10. Los hombres son más insensatos que las mujeres.	☐	☐

4.12. **Escribe el opuesto de las siguientes palabras (puedes escribir más de una).**

insensible .... agresivo ....

comprensivo .... hablador ....

capaz .... ordenado ....

descuidado .... cariñoso ....

4.13. Transforma los siguientes párrafos en frases en las que aparezca el subjuntivo.

"Las mujeres critican a los hombres por ser insensibles y descuidados, por no escuchar, por no ser afectuosos y comprensivos, por no comunicarse, por no expresarles todo el amor que ellas necesitan, por no comprometerse en las relaciones, por preferir el sexo a hacer el amor y por dejar la tapa del inodoro levantada."

Las mujeres quieren que los hombres sean más sensibles y no sean tan descuidados, necesitan que los hombres las escuchen y ....

....

....

....

....

"Los hombres critican a las mujeres por su forma de conducir, por no entender las guías, por mirar los mapas al revés, por su falta del sentido de la orientación, por hablar demasiado sin ir al grano, por no tomar la iniciativa en el sexo más a menudo y por bajar la tapa del inodoro."

Los hombres quieren que las mujeres conduzcan mejor y ....

....

....

....

....

4.14. Escribe la forma adecuada del verbo: ¿infinitivo o subjuntivo?

Adolescentes europeos 2003:

1. Emelie tiene 15 años y vive con sus padres y su hermano en Estocolmo. Dice que tiene una buena relación con sus padres, aunque algunas veces quieren que ella (hacer) .... cosas que no le gustan. Sus padres no le ordenan que (colaborar) .... más en las tareas de casa, solo le piden que (recoger) .... la mesa y (hacer) .... su cama. Entre semana puede salir con sus amigos, pero tiene que estar en casa antes de la cena y los fines de semana sus padres le permiten que (salir) .... hasta la una y media de la mañana. Emelie quiere (estudiar) .... Medicina y prefiere no (dejar) .... su casa hasta los 20 años. También quiere (casarse) .... y (tener) .... dos o tres niños.

2. Iñigo tiene 17 años y vive con sus padres y su hermana en Madrid. No discute mucho con sus padres y casi nunca le castigan, porque sus padres prefieren (hablar) .... con él y que él mismo (razonar) .... las cosas. Sus padres no le permiten que (salir) .... entre semana pero los fines de semana puede salir hasta las cuatro o las cinco de la mañana. No quiere (dejar) .... el hogar familiar hasta los 30 años. Prefiere vivir con su novia antes de casarse y quiere (tener) .... uno o dos hijos.

(Adaptado de *El Semanal*, ABC)

Unidad 5

5.1. Completa las siguientes frases con el verbo en futuro imperfecto.

1. ▷ ¿Quién crees tú que (ganar) .... la liga de fútbol este año?
   ▶ La verdad es que no entiendo nada de fútbol pero pienso que (tener) ....
   que ganar el mejor ¿no?

2. ▷ ¿Vas a venir mañana a la fiesta?
   ▶ No sé si (poder) ...., tengo muchísimo trabajo.

3. ▷ Estoy muy preocupado por Luis, todavía no ha llegado y es siempre muy puntual.
   ▶ ¡Tranquilo! (estar) .... en un atasco.

4. ▷ ¿Tú sabes cuándo (volver) .... Pepe y Pepa de sus vacaciones?
   ▶ Pues no estoy muy seguro, creo que (venir) .... la semana próxima.

5. ▷ Hoy he visto en la tele al famoso actor Richard Richardson y estaba muy cambiado.
   ¿Crees que (ser) .... muy mayor?
   ▶ No sé... imagino que (tener) .... más o menos mi edad, así que
   no es muy mayor.

6. ▷ ¿Ya tienes planes para esta noche?
   ▶ Bueno, todavía no hay nada seguro, pero creo que (salir) ....
   con mis amigos a dar una vuelta por el centro.

5.2. En estos momentos tú estás estudiando español y no sabes qué están haciendo las personas que son importantes para ti. Formula hipótesis con el futuro imperfecto sobre tu familia y tus amigos. ¿Dónde estarán ahora? ¿Qué estarán haciendo en este momento...?

Ejemplo: *En este momento, mi madre estará en la oficina.*

1. ....
2. ....
3. ....
4. ....
5. ....
6. ....

5.3. Completa las siguientes frases con el verbo en futuro perfecto.

1. ▷ Me pregunto quién (ganar) .... el partido de fútbol.
   ▶ No te preocupes, hombre, seguro que el vencedor (ser) .... tu
   equipo favorito.

2. ▷ Hace ya una hora que ha terminado la fiesta y Luis no estaba. ¿Por qué no (venir)
   ....? ¿Tú qué crees?
   ▶ Imagino que no (poder) .... venir debido a su trabajo.

PRISMA • NIVEL B1. **PROGRESA**

3. ▷ Me pregunto dónde (ir) .... Pepe y Pepa de vacaciones.
   ▶ Pues no estoy muy seguro pero creo que (escaparse) .... a alguna isla desierta.

4. ▷ Ya he terminado mis exámenes y ahora tengo que esperar las notas... estoy tan nerviosa... no sé si (hacer) .... todo bien.
   ▶ Tranquilízate, seguro que (aprobar) .... todo.

5. ▷ Ayer compré un pastel de chocolate y lo dejé en la nevera pero ha desaparecido...
   ▶ Bueno, ya sabes que los niños son muy golosos, (venir) .... a la cocina esta noche y se (comer) .... todo.

6. ▷ ¡Dios mío! ¡La luz de casa está encendida! ¿(Entrar) .... un ladrón? ¡Vamos a llamar a la policía!
   ▶ Espera, espera, yo creo que Luis (olvidar) .... apagar la luz. Ya sabes que es muy despistado.

5.4. Formula ahora hipótesis sobre las actividades que tu familia y tus amigos habrán realizado durante el tiempo que tú llevas en España. Usa el futuro perfecto.

Ejemplo: Durante estas semanas, mi padre habrá comprado un coche nuevo.

1. ....
2. ....
3. ....
4. ....
5. ....
6. ....

5.5. Completa las frases con el verbo en condicional.

1. ▷ ¿Sabes a qué hora empezó ayer la conferencia?
   ▶ .... (empezar) a las cinco, igual que la de la semana pasada.

2. ▷ Estuve buscando ayer a Maribel y no la encontré, ¿Sabes dónde estaba?
   ▶ No sé, supongo que .... (estar) en la biblioteca porque mañana tiene el examen final de literatura.

3. ▷ ¡Hola Pedro! ¿Cómo fue la fiesta anoche?
   ▶ Muy bien, pero bebí mucho y no recuerdo demasiado.
   ▷ ¿Y a qué hora volviste a casa?
   ▶ Pues no sé, ... (volver) sobre las seis porque mi padre justo se iba a trabajar.

4. ▷ ¿Sabes que anoche Jesús llegó a casa a las 5 de la mañana? ¿Qué crees que le (decir) *dirían* sus padres?
   ▶ Pues, no sé, pero seguro que (enfadarse) .... con él.

5. La semana pasada fuimos a la fiesta de Tony y Melania y no sé cuánta gente (haber) ...., pero (ser, nosotros) .... unas 100 personas.

5.6. Completa las siguientes frases usando el futuro imperfecto, el futuro perfecto o el condicional.

1. ▷ No encuentro las llaves.
   ▶ .... (dejarlas) puestas en la puerta, como siempre. ¡Eres tan despistado!

2. ▷ Ayer me crucé con Joaquín, pero no me saludó. ¿........................ (estar) enfadado todavía?
   ▶ No, hombre, Joaquín no es rencoroso. No .... (verte).

3. ▷ Ayer Fernando fue al despacho del director y estuvo casi una hora.
   ▶ .... (explicarle, él) el incidente que hubo el martes.
   ▷ Pero esta mañana no ha venido a trabajar. ¿Crees que .... (despedirlo, ellos)?
   ▶ No, no creo, ... (ir) a la reunión del sindicato que tiene cada viernes.

4. ▷ ¿Crees que .... (haber) espacio para tanta gente?
   ▶ No estoy muy seguro, pero creo que no todo el mundo .... (venir).

5. ▷ Ya ha pasado una hora y Quique todavía no ha llegado. ¿Dónde crees que .... (estar)?
   ▶ No te preocupes, probablemente .... (dormirse) porque su despertador no .... (sonar). Como siempre.

5.7. Matt Groening es el creador de algunas de las series de dibujos animados más conocidas, como Los Simpson o Futurama. A continuación tienes un texto en el que se habla del futuro según la serie Futurama. Completa los huecos con la forma adecuada del futuro imperfecto o del futuro perfecto.

¿Y cómo (ser) ....será.... el mundo del año 3000? ¿(Ser) .... un mundo perfecto como muestran algunas películas? ¿(Haber) .... una galaxia en guerra?

El futuro según Groening no (ser) .... muy distinto a la actualidad. El centro de la sociedad (seguir) .... siendo la televisión, con sus series de siempre y todo lo que ya sabemos de ella. La tecnología ya (avanzar) .... muchísimo. (Haber) .... grandes avances en medicina, transporte e ingeniería de todo tipo. Las ciudades (estar) .... compuestas por enormes edificios futuristas de todo tipo y todo aspecto, los coches no solo (volar) .... sino que (poder) .... realizar viajes espaciales. Sin embargo, el tráfico (seguir) .... siendo una pesadilla en las grandes ciudades.

También habitantes de otros planetas y especies extrañas hace tiempo que (instalarse) .... en la Tierra y que (integrarse) .... plenamente en la sociedad. Además, en este futuro, no (haber) .... que preocuparse por el trabajo; a cada persona se le (asignar) .... el trabajo que desempeñará el resto de su vida.

Los robots ya (convertirse) .... en miembros totalmente activos de la sociedad, ellos (ser) .... la principal mano de obra y (tener) .... independencia y los mismos derechos y privilegios que los humanos (excepto en determinados ámbitos). (Haber) .... planetas habitados enteramente por robots. Los robots (usar) .... el alcohol como fuente de energía química para cargar sus células de energía.

Las astronaves (realizar) .... viajes intergalácticos en cuestión de horas. El transporte espacial (estar) .... muy difundido porque anteriormente los gobiernos (construir) .... "autopistas" espaciales de tráfico. La seguridad de estos viajes espaciales (ser) .... un problema, ya que cualquier nave de transporte (poder) .... ser atacada en cualquier momento por misteriosas criaturas espaciales o por naves de grupos delictivos como piratas o la mismísima Robo-Mafia. Por eso algunas naves (ir) .... armadas con cañones de auto-defensa y (disponer) .... de gran velocidad y maniobrabilidad para tratar de escapar de sus enemigos. Las naves en principio (estar) .... todas equipadas con piloto automático y (poder) .... despegar y aterrizar por si mismas. Sin embargo (continuar) .... siendo pilotadas por tripulantes humanos y no humanos.

(Adaptado de http://futurama.metropoliglobal.com/futuro.html)

5.8. Relaciona los elementos de las dos columnas para formar frases con sentido.

1. Creo que vendrá
2. Quizá no van
3. Supongo que iremos
4. Me imagino que visitaré
5. Seguro que suspenden
6. A lo mejor nos quedamos
7. Me parece que Lola
8. Sí, seguramente Felipe tiene

A. el Centro Reina Sofía porque el sábado por la mañana tengo libre.
B. el concierto de esta noche, con la tormenta que está cayendo.
C. ha suspendido el examen. Se ha ido sin despedirse.
D. en Salamanca unos días para visitar sus alrededores, pero tenemos que hablarlo.
E. a la fiesta porque me ha llamado y me ha preguntado la dirección.
F. a Zaragoza. No tienen puente.
G. alguna novela de García Márquez. Es bastante aficionado a la literatura hispanoamericana.
H. a Canarias, que es más barato.

1	2	3	4	5	6	7	8

5.9. Ahora clasifica las estructuras según el grado de probabilidad que expresan.

Probabilidad alta	Probabilidad media	Probabilidad baja
Creo que Seguro que Me parece que	Supongo que Me imagino que seguramente	Quizá A lo mejor

5.10. Ángela y Chema son dos estudiantes que están investigando la desaparición de Vanessa, sucedida hace dos años. En este momento le hacen una entrevista a Bosco, amigo de Vanessa, para intentar descubrir qué pasó.

ÁNGELA: Bosco era compañero de Vanessa. Cuéntanos cómo sucedió todo.

BOSCO: Pues... Vanessa llevaba varios días sin ir a clase... Llamamos a su casa y nos dijeron que había desaparecido. La policía estuvo buscándola durante varios meses pero nunca más tuvimos noticias de ella.

ÁNGELA: ¿Crees que la raptaron?

BOSCO: Hay gente que piensa eso, pero es absurdo. Cuando desapareció, Vanessa envió una carta a su familia, explicando que estaba enamorada de un chico y que se iba con él por su propia voluntad. Además, nunca se pidió un rescate.

ÁNGELA: ¿Y vosotros no sospechasteis nada, quiero decir, no estabais al tanto de su vida privada?

BOSCO: Yo no soy espía de nadie... ¿Y tú?

ÁNGELA: ¿Tenéis alguna idea de con quién se pudo fugar?

BOSCO: No, pero conociendo a Vanessa... tuvo que ser alguien... excepcional.

ÁNGELA: ¿Excepcional en qué sentido?

BOSCO: En todos los sentidos.

A continuación, Bosco graba un mensaje para Vanessa:

BOSCO: Vanessa, sé que han pasado ya dos años, y que seguramente tú ya has hecho tu vida... Pero estés donde estés, quiero que sepas que tus amigos no te olvidamos. Por favor, Vanessa, vuelve... Te quiero.

(Adaptado de la película *Tesis*, de Alejandro Amenábar)

5.11. ¿Qué crees tú que habrá pasado con Vanessa? ¿Crees que se habrá escapado con un chico y que estará feliz viviendo con él? ¿Crees que la habrán matado? Formula tus hipótesis.

5.12. A continuación te presentamos una serie de situaciones misteriosas de difícil solución. Formula tus hipótesis para tratar de explicar lo sucedido. No olvides usar el futuro imperfecto, el futuro perfecto o el condicional.

1. Vas por la calle y, de repente, un desconocido te regala flores.

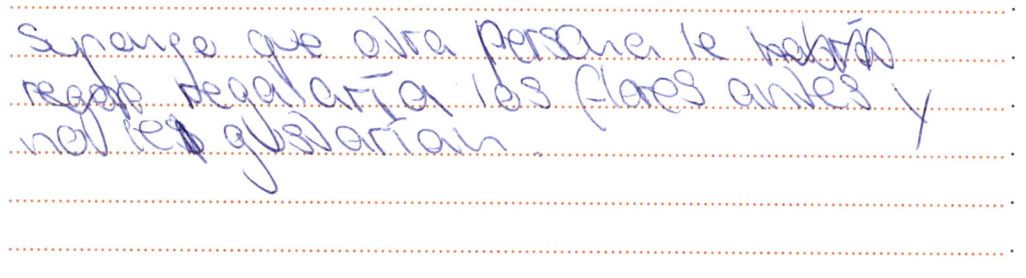

2. Yo tenía un profesor que siempre llevaba el mismo traje de color gris.

3. Llegas a tu casa y te encuentras la puerta abierta y la luz encendida... ¿qué habrá pasado?

4. Es de noche... vas conduciendo tu coche por una carretera solitaria... de repente... una luz en el cielo... ¿Será un pájaro? ¿Será un avión? ¿Será...?

5. Principios del siglo XX en el corazón de África. Un hombre solo, criado entre los monos y sin ningún contacto con la civilización. Sin embargo, cuando conoció a Jane, estaba perfectamente afeitado y depilado.

6. ¡Por fin lo has conseguido! Estás en un restaurante romántico, con música suave y a la luz de las velas. Esa persona tan especial está contigo... pero tiene que ir al baño. Ha pasado más de media hora y aún no ha vuelto.

Unidad 6

6.1. Completa las siguientes frases con la forma correcta del verbo.

1. ▷ Estoy pensando que mañana tal vez (irse, yo) __se vaya__ a dar una vuelta por la playa.

   ▶ ¡Uy! Pues ha dicho el hombre del tiempo que a lo mejor (llover) __llueve__ en toda la península.

2. ▷ ¿Cómo llevas el trabajo?

   ▶ Fatal, la verdad es que es imposible que para mañana (estar) __esté__ terminado. Quizá (necesitar, yo) __necesite__ un poco más de tiempo.

3. ▷ Acabo de leer que, en el futuro, es más que probable que los ordenadores (poder) __puedan__ tener reacciones humanas.

   ▶ ¡Sí, claro! Y a lo mejor los aviones (volar) __vuelen / vuelen__ solos. ¡Tú has visto demasiadas películas de ciencia ficción!

4. ▷ ¿Sabes una cosa? Puede que mis padres me (dejar) __dejen__ ir este verano a Inglaterra para estudiar inglés.

   ▶ ¿Para estudiar? Sí, sí... lo más probable es que (ir, tú) __vayas__ a Inglaterra para salir de fiesta sin el control de tus padres.

5. ▷ He presentado una solicitud para ese puesto de trabajo... quizá me lo (dar, ellos) __den__, pero no estoy muy seguro.

   ▶ ¡Tranquilo! Lo más probable es que te (llamar, ellos) __llamen__. Tú tienes un currículum excelente.

6.2. Lee el siguiente texto y elige la forma adecuada del verbo.

La inteligencia artificial

El desarrollo de la inteligencia artificial suscita algunas cuestiones interesantes acerca de qué se *puede*/pueda esperar en el futuro de la humanidad. Por ejemplo, la convivencia de tres especies: los hombres, las máquinas y los híbridos o posthumanos, es decir, los hombres-máquina. Este y otros temas han sido tratados no solo por la ciencia ficción, sino también por científicos de todo el mundo. Debido a la velocidad de evolución de las nuevas tecnologías, es probable que en dos décadas los científicos serán/*sean* capaces de lograr el desarrollo de máquinas más inteligentes que el ser humano. Por otro lado, es muy posible que nuestra evolución irá/*vaya* unida a esa misma tecnología. Podríamos pensar que el ser humano, tal como lo conocemos hoy en día no *sea*/será el último eslabón en la cadena evolutiva y que en algunas décadas encontremos/*encontraremos* en la Tierra a los posthumanos, hombres y mujeres que harán/*hagan* uso de la tecnología para aumentar sus capacidades físicas, intelectuales y psicológicas. Pero puede ser que los seres humanos no estamos/*estemos* preparados para aceptar unos cambios tan rápidos en nuestra forma de vida. Además, es más que probable que todos estos avances nos obligan/*obliguen* a plantearnos una serie de preguntas de carácter moral.

6.3. ¿Sabes qué significa lo que soñaste anoche? Lee el siguiente texto, elige la opción que creas adecuada o correcta y descubrirás tus deseos ocultos.

Soñar con...

- **Accidente**
    a) necesitas aventuras
    b) el peligro te acecha
    c) necesitas un coche nuevo

- **Asesinato**
    a) algo en tu vida no te gusta
    b) tienes que hablar con tu pareja
    c) sientes miedo de la policía

- **Dientes**
    a) ganarás mucho dinero
    b) habrá cambios en tu vida
    c) tienes mucha agresividad contenida

- **Ahogarse**
    a) necesitas una ducha
    b) te sientes inseguro/a
    c) tienes dificultades en tu vida

- **Desnudez**
    a) te sientes inseguro/a
    b) tienes miedo a la muerte
    c) odias las marcas del bañador

- **Puertas**
    a) algo bueno te espera
    b) debería estudiar para cerrajero
    c) no tienes complejos

6.4. Escribe a continuación una frase explicando qué opción has elegido y por qué. No olvides usar los marcadores de probabilidad, como en el ejemplo.

EXPLICACIONES:

1. Soñar con un accidente tal vez signifique que el peligro te acecha porque un accidente es una situación de peligro que refleja nuestros temores de la vida cotidiana.

2. Soñar con ahogarse quizá quiera decir que ....

3. ....

4. ....

5. ....

6. ....

6.5. Selecciona uno de los verbos del recuadro y escríbelo en una forma correcta (subjuntivo o infinitivo) para completar el siguiente texto:

> poder • permitir • ser (2) • desaparecer • costar • cambiar • llegar
> deber • alargar • aumentar • haber • avanzar • crecer • proceder • diseñar • dotar

Son muchos los cambios que nos esperan en el futuro; nos encontraremos sin duda con muchas novedades, pero también es probable que muchas de las cosas que conocemos ahora .... Quizás .... incluir a los seres humanos en la lista de recursos comunes en peligro.

Muchos de los científicos que se dedican a la biotecnología creen que no es posible que la medicina .... sin hacer investigaciones y modificaciones genéticas.

Según ellos, la clonación de embriones conducirá a la clonación reproductiva e, incluso, probablemente, ... hacer modificaciones genéticas heredables. Algunos incluso defienden con entusiasmo "hijos a la carta" y "posthumanos" como la próxima novedad. Afirman que, dentro de una generación, es más que probable que .... niños "mejorados" con mayor resistencia a las enfermedades, más altos, con el peso adecuado y más inteligentes. Posteriormente dicen que será posible .... la personalidad, ... nuevas formas del cuerpo, ... la esperanza de vida y .... a los niños de una gran inteligencia.

Estos propulsores reconocen que las técnicas de ingeniería aplicadas a los bebés probablemente .... mucho dinero. Puede ser que la mayoría de los clones o los niños genéticamente "mejorados" .... de familias ricas. Por tanto, tal vez las tecnologías de ingeniería genética humana .... las desigualdades económicas.

Además, "Si el precio de la tecnología genética se hace más barato, igual que otras tecnologías avanzadas como la informática y la electrónica, quizá .... ser accesible a la mayoría de los miembros de la clase media en las sociedades occidentales. Y así tal vez .... las diferencias entre los países ricos y pobres".

Este futuro ¿es probable? Esperemos que no. A pesar de los logros de los científicos genéticos, los genes artificiales y los cromosomas puede que nunca .... tan fiables como se anuncian. Los bebés transgénicos puede que .... tan impredecibles y con tantas malfunciones, que nunca .... a ser una opción popular.

(Adaptado de *El Genoma como Bien Común,* Tom Athanasiou y Marcy Darnovsky, World Watch)

6.6. **En este ejercicio vamos a recordar las estructuras que has aprendido para formular hipótesis: futuro imperfecto, futuro perfecto y condicional en la unidad 5 y los usos del subjuntivo de esta unidad. Completa las siguientes frases con la forma correcta del verbo.**

1. ▷ ¡Eh, Manolo! ¿Qué te pasa, que vas tan cabizbajo?
   ▶ Pues que no sé dónde (estar) .... mi carro.
   ▷ ¿No te lo (robar, ellos) .... ?
   ▶ Pues no lo sé, pero dondequiera que esté, mi carro es mío.

2. ▷ ¿Sabes que Antonio y Pilar se separan?
   ▶ ¡No me lo puedo creer! ¡Una pareja tan encantadora! Pero... ¿qué ha pasado, por Dios?
   ▷ Pues, hombre, no estoy seguro. A lo mejor Pilar (descubrir) .... por fin que Antonio la engañaba con su secretaria.
   ▶ ¿Con su secretaria? Pero ¡qué me dices!
   ▷ No es posible que no lo (saber, tú) .... , si lo sabe todo el mundo.

3. ▷ Estoy muy preocupada por el futuro de mi amiga. ¿Qué (hacer, ella) .... de ahora en adelante?
   ▶ No te preocupes, probablemente (encontrar, ella) .... un trabajo más interesante y donde (poder, ella) .... desarrollar todas sus capacidades.

4. No vamos a terminar el trabajo a tiempo. Lo más seguro es que (tener, nosotros) .... que quedarnos a trabajar toda la noche.

5. ▷ ¿Te imaginas cómo (ser) .... la vida antes de tener agua corriente?
   ▶ Pues no sé, pero la gente (lavarse) .... mucho menos y las mujeres (tener) .... que ir al río a lavar la ropa.

6. ▷ Es el tercer SMS que le envío a Jesús y no me contesta. ¿Por qué será?
   ▶ Ya sabes, lo típico: (quedarse, él) .... sin batería, no (tener, él) .... saldo, probablemente no (poder, él) .... hablar contigo o... a lo mejor no (querer, él) ....

7. ▷ ¿Sabes que M.ª Luisa está embarazada otra vez después de tantos años? ¿Qué (ser) .... ? ¿(Querer, ella) .... otro niño?
   ▶ No sé, pero es posible que (estar, ella) .... embarazada de gemelos porque en su familia hay antecedentes.
   ▷ Bueno, de todas maneras Quique (ponerse) .... muy contento de tener un hermanito... o hermanita.

8. ▷ Ayer en la fiesta se fue la luz y esta mañana Federico ha venido a clase con cara de felicidad, me pregunto qué (hacer) .... mientras estuvimos sin luz.
   ▶ Pues, no sé... pero la última vez que lo vi estaba con Andrea, que también está muy sonriente hoy. Seguramente (enrollarse, ellos) .... , pero yo creo que lo más probable es que no (empezar, ellos) .... una relación seria.

6.7. Formula tus hipótesis sobre las siguientes situaciones. Presta atención a los tiempos verbales que aparecen en ellas para saber si debes utilizar indicativo, subjuntivo, futuro de probabilidad o condicional. Fíjate en el ejemplo.

1. ¿Cómo crees que serán los móviles del futuro?
   Probablemente sean mucho más pequeños, los podremos llevar en el anillo, tal vez funcionen simplemente con la voz y no necesitemos marcar el número.

2. ¿Qué crees que haría ayer tu compañero de la izquierda después de clase?
   ....

3. ¿Cómo crees que es la vida cotidiana del presidente de tu país?
   ....

4. ¿Cómo crees que se divertirían los niños de la prehistoria?
   ....

5. ¿Cómo se hará una paella?
   ....

6. ¿Qué crees que hace tu profesor después de clase?
   ....

7. ¿Cómo crees que se sentiría Colón cuando llegó a América? ¿Y los indios?
   ....

6.8. Completa las siguientes frases con adjetivos o pronombres indefinidos.

1. ▷ ¿Tienes .... libro de filosofía tántrica?
   ▶ Sí, creo que en aquella estantería tengo ....

2. ▷ ¿ .... sabe dónde está M.ª Luisa? No sé nada de ella desde la unidad 4.
   ▶ Sí, yo la he visto tomando .... en la cafetería.

3. ▷ Buenos días. ¿Tienen _____ producto verdaderamente eficaz para eliminar las cucarachas?

   ▶ No, lo siento mucho, pero la Humanidad todavía no ha encontrado _____ solución definitiva.

4. No hay _____ en la nevera. El problema es que luego van a venir _____ amigos y no hay _____ tienda donde poder comprar _____ .

5. _____ personas opinan que _____ debería usar el coche en el centro de las grandes ciudades.

6. No conozco a _____ capaz de hablar más de cinco idiomas perfectamente.

6.9. Selecciona la opción correcta:

1. ¿Estás esperando a alguien / algo?
2. ¿Estás esperando alguien / algo?
3. He visto que hay algún / alguna problema con el aire acondicionado.
4. ¿Hay alguien / alguno interesado en este viaje?
5. ¿Hay alguien / algún cliente interesado en este viaje?
6. ▷ ¿Necesitas algún / alguno consejo?

   ▶ No gracias, no necesito ninguno / ningún.
7. ¿Tienes algo / algunas monedas para prestarme?
8. ▷ ¿Qué tal la conferencia?

   ▶ Muy aburrida. No han dicho algo / nada interesante.

6.10. Lee el siguiente texto y contesta las preguntas.

Sociedades globalizadas

Itamar Rogovsky, un experto en gestión empresarial, comentaba hace unos días en una entrevista realizada por el diario La Vanguardia, que la aceleración que estamos viviendo en los últimos años no se va a detener, y que el desarrollo tecnológico hace que tengamos que tomar decisiones importantes en nuestro mundo profesional o personal sin apenas tiempo para meditar las consecuencias de nuestras decisiones. "Hay que responder a los e-mail, pueden interrumpirte en cualquier momento con el móvil sin que tengas defensas y nos introducen noticias por la tele de forma inmediata. Esta aceleración tecnológica aumenta y no estamos preparados."

¿Estamos preparados para una aceleración en nuestras vidas? ¿Lo estamos para vivir y desenvolvernos en unas sociedades globalizadas donde todo ocurre en cuestión de segundos? ¿Seremos testigos, en el siglo XXI, de una 'selección natural' donde solo sobrevivirán los más rápidos, los que hayan desarrollado mecanismos de respuestas inmediatas y acertadas?

Desde hace ya algún tiempo, los científicos vienen hablando de una sociedad futura caracterizada por un uso generalizado de las tecnologías de la comunicación que están creando una cultura víctima del estrés. La cultura posmoderna en la que se trabaja de día y de noche, en la que los negocios nunca se detienen y la televisión emite constantemente. Estamos entrando en lo que se denomina la Sociedad 24/7 (24 horas, 7 días de la semana, 365 días al año), y que ello comportará serios problemas de salud.

Nuestras sociedades son mundos donde se duerme cada vez menos, pobladas por gente que debido al uso constante de las tecnologías de comunicación —desde los teléfonos móviles hasta los ordenadores portátiles— son víctimas de una multitud de enfermedades: aumento del estrés cardiovascular, deterioro de la visión, desórdenes en el razonamiento, confusión, frustración, falta de generosidad y sobreestimación de la propia personalidad.

Hace unos meses, se presentó en Barcelona, un prototipo de lo que podrían ser las casas habitables en la sociedad futura. Estas casas *inteligentes* han sido diseñadas para la convivencia familiar, el reposo, y el ocio, pero también para el trabajo, el aprendizaje escolar, las relaciones humanas, las visitas médicas, la proyección de espectáculos, la compra, etc.

¿Qué está ocurriendo a nuestro alrededor? ¿Realmente estamos entendiendo los cambios provocados por las nuevas tecnologías y cómo estas moldean nuestras vidas? ¿Qué significa vivir en sociedades globalizadas? "Significa —me decía el arquitecto Miquel Lacasta, dedicado a la Arquitectura Avanzada desde el estudio de investigación Archikubik— pensar en que puedo estar teletrabajando para una multinacional del sudeste Asiático, con sedes en Nueva York, España y Londres. Que cuando unos se paran, otros se ponen en marcha y que tanto unos como otros han de disfrutar de los mismos servicios públicos. "Pensar en esas dimensiones requiere, de entrada, un cambio de legislación (modificaciones o ampliaciones) para los comercios, porque alguien puede querer tener una comida de negocios a las 3 de la madrugada, o ha de comprar la cosa más insólita a las 5 A. M.".

6.11. Explica con tus propias palabras qué significa.

> Globalización • Selección natural • Estrés • Trabajo a distancia
> • Deterioro de la visión • Sobreestimación de la propia personalidad

6.12. Escribe los antónimos de las siguientes palabras.

> Desarrollo • Consecuencia • Acertado • Esclavizar
> • Gastar • Poblado • Generosidad • Distraerse

Unidad 7

7.1. Joselín de Palique (un famoso torero español) y Birgit Burdot (famosa actriz francesa y defensora de los animales) se encuentran en una fiesta y empiezan a hablar sobre una de las tradiciones españolas más polémicas: los toros. Completa los huecos con una forma correcta del indicativo o del subjuntivo.

B.B.: Me parece una vergüenza que ustedes, los españoles, (mantener) _mantengan_ en la actualidad una costumbre tan horrible como las corridas de toros.

J.P.: ¡Pero mujer! ¿Por qué? Es importante que nosotros, los españoles (conservar) .... nuestras tradiciones y que (transmitir) .... nuestra cultura a nuestros hijos.

B.B.: Pero, pero... ¿Es posible que (llevar, ustedes) .... a sus hijos a ver esos espectáculos? ¡Son ustedes unos salvajes! Me parece que (ser) _es_ una barbaridad.

J.P.: Pues yo creo que ustedes, los extranjeros no (comprender) _comprenden_ en qué consiste esta tradición y no (darse cuenta) _se dan cuenta_ de la importancia que tiene para la cultura y la economía.

B.B.: Pues yo no estoy de acuerdo con usted.

7.2. Keiko Yamamoto y Wolfram Schnelle son dos estudiantes de español que están practicando las estructuras de opinión y valoración, mientras discuten sobre la caza de ballenas. Completa los verbos con una forma correcta del indicativo o del subjuntivo.

W.S.: ¿Es cierto que en Japón todavía (cazar, vosotros) .... ballenas?

K.Y.: Sí, claro, pero menos que antes. Es una lástima que (ser) .... tan difícil encontrar carne de ballena en las tiendas porque está muy buena.

W.S.: Vale, Keiko, yo entiendo que es una parte de vuestra gastronomía, pero me parece que (estar) _está_ fatal que no (respetar, vosotros) _respetéis_ los acuerdos internacionales sobre la caza de ballenas.

K.Y.: Si, Wolfram, entiendo tu punto de vista, pero es muy difícil que un acuerdo internacional (cambiar) _cambie_ las costumbres y la economía de un país.

W.S.: Es lógico que (defender, tú) _defiendas_ las costumbres de tu país, pero es evidente que no (estar, nosotros) _estamos_ de acuerdo.

K.Y.: De todas formas, Wolfram, solo estamos hablando tú y yo. ¿Por qué no escuchamos la opinión de nuestros compañeros? Creo que aquí hay gente de Noruega...

7.3. Completa el texto con los conectores del recuadro.

> • ya que • además • por otra parte • para empezar
> • por último • puesto que • por un lado
> • en definitiva • por otro lado • respecto a • por una parte

Para empezar, es necesario dejar bien claro por qué se fuma: fumar no es un hábito, sino una drogadicción. Fumar tabaco cumple con todos los criterios que definen el consumo de una sustancia como una drogadicción; ...., crea un síndrome de dependencia en el fumador y, ..., provoca un síndrome de abstinencia en ausencia de la droga. .... genera en los fumadores un comportamiento compulsivo provocado por el deseo de satisfacer su necesidad.

......Respecto...... la dependencia que produce el hábito de fumar tenemos, ..., la dependencia física provocada directamente por la nicotina y, ..., existe una dependencia psicológica ...ya que... el hábito de fumar se ha convertido en una compañía en todo tipo de situaciones, después de las comidas, con el café, al hablar por teléfono, etc., y parece imposible cambiar esta relación. ...., existe la llamada dependencia social; el fumar sigue siendo un acto social, se hace en grupos, en ciertas reuniones de ocio, tras cenas con los amigos y, sobre todo, sigue siendo un hábito que distingue a ciertos grupos de adolescentes dándoles un equivocado valor social de rebeldía y de madurez. ......En definitiva......, debemos dejar el tabaco ...ya... su consumo constituye la principal causa de enfermedad y mortalidad evitables en los países desarrollados.

7.4. Completa ahora el siguiente texto con los conectores adecuados.

> • por otra parte • además • sin embargo • en definitiva
> en primer lugar • por una parte
> sin embargo • en segundo lugar • en cuanto a

Parece claro que la mayoría de los gobiernos de los países industrializados están decididos a conseguir que sus ciudadanos dejen de fumar, ..., lo que no está tan claro es el sistema que usan dichos gobiernos.

........................, los fumadores, cada vez más, son obligados a fumar en auténticas "jaulas" o a la intemperie, padeciendo unas condiciones climáticas muy duras.

........................, la televisión, la radio y los periódicos están saturados con información acerca de la prohibición de fumar y con noticias de demandas contra las compañías tabacaleras. ...., cualquier noticia científica que demuestra que el humo ajeno no es peligroso para la salud ni siquiera se publica. Estas campañas anti tabaco generan, ..., una imagen del fumador como un *asesino de los no fumadores*.

.... las zonas de fumadores, no siempre las hay pero son generalmente incómodas y pequeñas. ...., nuestra sociedad considera, ..., que los fumadores son enfermos a los que hay que ayudar a dejar su adicción y, ..., genera un clima de odio y de persecución a los fumadores que no beneficia a nadie.

7.5. Escribe el verbo en la forma correcta.

1. ▷ Mira, M.ª Luisa, el periódico dice que España va bien.
   ▶ ¿Ah, sí? Pues a mí no me parece que (ir) .... tan bien.

2. ▷ Yo creo que los pimientos del piquillo (estar) .... mejor rellenos de gambas. ¿A ti qué te parece?
   ▶ A mi me parece que no (tener, tú) .... ni idea de lo que estás diciendo. Yo creo que el bacalao (ser) .... el mejor ingrediente que pueden llevar.

3. ▷ ¿Quién crees que (ser) .... el mejor superhéroe de la historia? ¿Superman o Batman?

▶ La verdad es que a mí no me parece que Batman (ser) .... un superhéroe, solo es un tipo duro disfrazado de murciélago. Yo pienso que, para ser un superhéroe, los superpoderes (ser) .... imprescindibles.

4. ▷ Yo no creo que (estar) .... mal incluir en este ejercicio la pregunta "¿No crees que el aire acondicionado está demasiado fuerte?", porque los alumnos nunca entienden por qué no lleva subjuntivo.

▶ ¿Y por qué no lleva subjuntivo?
▷ Pues porque equivale a decir: "yo creo que el aire acondicionado (estar) .... demasiado fuerte, ¿no crees?".

5. ▷ Pues mi hermano me ha dicho que él no cree que los Reyes Magos (ser) .... los padres.

▶ Pues yo creo que no (existir) .... los Reyes porque no creo que (tener) .... tiempo de recorrer todo el mundo en una sola noche.
▷ ¡Pero tú qué dices! ¿No ves que son Magos?

7.6. Completa con la forma correcta.

1. A mí me parece que no (ser) .... justo que la vivienda en España (costar) .... tanto dinero.

2. Me parece una buena idea que en las empresas (haber) .... guarderías para los hijos de los empleados. Me parece que la idea (venir) .... de Suecia.

3. Yo creo que (ser) .... lógico que (pagar) .... más impuestos las personas que ganan más dinero.

4. Está claro que el mundo (atravesar) .... una situación de crisis, pero a mí no me parece que (ser) .... la peor crisis de la Historia.

5. A mí no me parece bien que los científicos (dedicarse) .... a descubrir cómo elegir el sexo de tus hijos. No creo que el ser humano (deber) .... jugar a ser Dios.

6. Consideramos necesario que los gobiernos occidentales (asumir) .... su responsabilidad hacia los países menos favorecidos.

7. Es necesario que los estudiantes (estudiar) .... el subjuntivo, pero es lógico que al principio les (costar) .... trabajo usarlo.

7.7. A partir de los elementos que te damos, escribe minidiálogos en los que se pregunte por la opinión, se exprese valoración, acuerdo y desacuerdo, se exprese la opinión o se confirme una realidad.

Ejemplo: Matrix 2; bien hecha   Fantástica; mucha imaginación   No valer nada, horrorosa; no lógica

▷ Ayer fui a ver Matrix 2. Me parece una película muy bien hecha. ¿Qué pensáis vosotros?
▶ A mí me parece una película fantástica, con mucha imaginación.
▷ ¡Qué dices! En mi opinión no vale nada, es horrorosa, creo que no tiene ninguna lógica.

1. Nueva falda Maribel;   Original; quedar fatal   No quedar tan mal;
   muy original   un poco ancha

▷ ....
▶ ....
▷ ....

2.	Nuevo novio de María Fernanda	Educado y formal	Mostrar descuerdo; claro, ser un gamberro

▷ ....
▶ ....
▷ ....

3.	No seguro poder ir exposición de Barceló	Pena; interesante pedir opinión	Interesante ver exposición Barceló

▷ ....
▶ ....
▷ ....

4.	Preguntar opinión fusión ritmos música	Evidente innovación; error mezclar estilos	Expresar desacuerdo; claro, evolución; bueno fomentar fusión estilos

▷ ....
▶ ....
▷ ....

7.8. Completa los huecos del texto con los conectores y verbos de los cuadros de abajo. No te olvides de poner el verbo en indicativo o subjuntivo según la estructura de opinión o valoración que lo acompaña.

Una vida al alcance de pocos

No sé a quién va dirigido este mensaje, solo sé que siento unas ganas enormes de gritar y hacer que todas las personas de este país escuchen lo que tengo que decir.

........................., me parece una vergüenza que esta sociedad no .... del problema más importante en la vida de la mayoría de los ciudadanos españoles: la economía. Me pregunto: ¿cómo se hace? Coche, seguro, gasolina, piso, comer, vestirse y no digamos más si hay que ir al dentista a que te arranquen los pocos euros que te quedan. ...., es increíble que (ellos) .... de la natalidad.

Por favor, seamos serios, es evidente que el tipo de vida de hoy .... para personas de alto nivel social, cuyas nóminas sobrepasan los 1200 euros. ¿Se han preguntado lo que cobra un operario de máquina, una dependienta, un mozo, una secretaria...? Y podría continuar nombrando profesiones que en la mayoría de los casos no pasan de los 783 euros mensuales.

........................., está claro que no todo el mundo .... sus gastos con otra persona, y si es así y pretendes independizarte, es mejor que .... el cupón de la ONCE, ... es posible que algún día la suerte .... el trabajo de otros. Los sueldos se congelan y opino que .... miserables, pero no lo hacen las viviendas, la vida en general. A este paso es muy probable que algunos .... durmiendo en la calle.

Solo tengo 21 años y me echo las manos a la cabeza pensando si algún día podré permitirme tener hijos. Ustedes, los que gobiernan este país, recapaciten sobre aquella frase que alguien dijo: "España va bien". Lo que va bien son vuestras cartillas. ¿Y las nuestras?

Una chica desesperada que solo quiere llegar a fin de mes.

(Adaptado de Cartas al Director. *La Vanguardia*)

Conectores	Verbos
• porque • teniendo esto en cuenta en primer lugar • en segundo lugar	• terminar • quejarse ser ser • compartir • hacer darse cuenta • comprar

7.9. Lee este texto.

Los que nunca piden nada

Aunque nací en Madrid y cuando era niño casi nunca pisé el campo, recuerdo que entonces, en los años cincuenta, la presencia de los animales era tan natural y frecuente que formaban parte del paisaje, incluso del urbano. No solo se veían por la capital caballos, burros y mulas tirando de carros o a veces montados, sino que recuerdo haber visto vaquerías en el céntrico barrio de Chamberí. Las vaquerías estaban instaladas en los sótanos, a nivel del suelo y tenían unas ventanas a través de las que los niños espiábamos a las vacas. Además de estas bestias mayores y de los pájaros, era habitual cruzarse con perros y gatos callejeros, sin presentes ni pasados dueños.

Seguro que los caballos y burros de entonces llevaban muy mala vida, tirando de carros cargados hasta arriba y recibiendo muchos golpes; seguro que las vacas madrileñas debían de ser melancólicas y enfermar fácilmente; los perros y gatos vagabundos tendrían grandes dificultades para atravesar cada jornada famélica y escapar de los golpes de la gente. Pero muchos de ellos ya habían nacido en las calles y podían sobrevivir con más o menos astucia.

Nuestra sociedad presume de que todo eso haya acabado; existen asociaciones que se dedican a proteger a los animales y algunos miembros fanáticos llegan a emplear la violencia contra sus semejantes por evitársela a los irracionales. En mi opinión, la expresión "derechos de los animales" es un auténtico disparate, ya que los animales no pueden tener derechos, así como tampoco pueden tener deberes. ¿Se imaginan a un loro o a un mono multado por faltar o infringir alguna ley? ¿Y cómo se les informaría de dichas leyes?

Solo el ser humano podría imponerse a sí mismo deberes hacia los animales y obligarse a cumplirlos. Por un lado hay una especie de sacralización de las bestias, con las que a menudo se tienen más consideraciones que con los humanos, sobre todo si son pobres, inmigrantes y sin papeles. Por otro lado, existe lo contrario y no me refiero solo a los casos de violencia extrema y gratuita contra los animales, sino a esos ciudadanos que, cuando llega agosto, no dudan en abandonar a un tercio de los perros regalados en nuestro país durante las últimas Navidades.

Yo encuentro a esa gente mucho más despreciable que cualquier antiguo carretero o vaquerizo urbano porque ellos maltrataban a sus animales con un objetivo: cumplir con su función asignada y ayudar al hombre a ganarse la vida. Por supuesto, era una relación amo-esclavo, pero precisamente por eso los hombres no prescindían de sus animales por comodidad o capricho, como se hace ahora. Tal vez lo que se ha perdido es la naturalidad en el trato con estos seres que nos han acompañado desde el principio.

Los animales no eran adorados ni estaban humanizados como ahora, pero tampoco era imaginable verlos como a juguetes de plástico que se tiran, que no sufren y que carecen de expectativas. Los animales tienen expectativas, aunque sean inmediatas, y lo que nunca debe hacerse es creárselas con nuestra puerta abierta para después decepcionarlos y echarlos a la carretera. Lo que esos despreciables miembros de nuestra sociedad olvidan es que con quienes tenemos más obligaciones es con los que hemos ido a buscar nosotros y a sacar de su sitio, con los que nunca han pedido nada.

(Adaptado de Javier Marías, *El País Semanal*)

7.10. En el texto aparecen mencionados los nombres de diversos animales. En español son muy habituales las expresiones idiomáticas en las que aparecen nombres de animales. Relaciona cada expresión con su definición.

1. A caballo regalado no le mires el diente.
2. Trabajar como un burro.
3. Ser más terco que una mula.
4. Estar como una vaca.
5. Tener pájaros en la cabeza.
6. Llevar una vida de perros.
7. Buscarle tres pies al gato.
8. Hablar como un loro.
9. Dormir la mona.

A. Quiere decir que una persona está muy gorda.
B. Hablar mucho, mucho, mucho.
C. Complicar sin necesidad una situación.
D. Dormir para que se pasen los efectos de una borrachera.
E. Si nos hacen un regalo, no debemos criticarlo.
F. Trabajar duramente, sin descanso.
G. Ser una persona sin sentido común.
H. Se dice de las personas que son muy obstinadas y cabezotas.
I. Tener una vida desgraciada y con grandes dificultades.

1	2	3	4	5	6	7	8	9
☐	☐	☐	☐	☐	☐	☐	☐	☐

7.11. A continuación tienes los nombres de otros animales. Escribe el nombre correcto en cada frase y aprenderás otras expresiones.

> • canguro • borrego • perro • gatos • gallina
> fiera • mosquito • gato • ostra

1. Juan y Marta se llevan muy mal, están todo el día como el .... y el ....
2. Cuando le dije la verdad se enfadó muchísimo, se puso como una ....
3. Esta noche voy a salir y necesito una .... para que se quede con los niños.
4. A mí me parece que ese chico es tontísimo, creo que tiene un cerebro de ....
5. Anoche fuimos a esa discoteca pero no había casi nadie, éramos cuatro ....
6. ¡No seas ...., hombre! Siempre haces lo que hacen otros sin pensar por ti mismo.
7. Algunas veces, cuando estudio el subjuntivo me aburro como una ....
8. Ayer vi una película de muchísimo miedo, todavía se me pone la piel de ....

Unidad 8

8.1. Completa las frases con la forma correcta de los verbos *ser/estar*.

1. ▷ Hola M.ª Luisa, ¿cómo .... Pancho?
   ▶ Pues .... un poco mejor, pero sigue en cama.

2. ▷ ¿De dónde .... estas naranjas?
   ▶ .... de Valencia.

3. El chico de la primera fila .... quien me llevó en coche.

4. ▷ Tus hijos .... muy altos para la edad que tienen.
   ▶ La verdad es que sí, ... altísimos como su padre.

5. ▷ ¿Has visto mis llaves? No sé dónde ....
   ▶ Seguro que las has dejado puestas, como siempre.

6. Paolo y María .... italianos.

7. ▷ ¿No .... demasiado joven para viajar solo?
   ▶ No, ya tengo 17 años.

8. ▷ ¿Y Miguel?
   ▶ .... hablando por teléfono, ahora sale.

9. ¿A cuánto .... hoy los tomates?

10. ▷ Dónde trabaja José Javier?
    ▶ Ahora .... de jefe de ventas, pero .... contable.

11. ▷ Teníamos una cerveza y unas patatas bravas.
    ▶ Pues, ... 7 €.

12. ▷ ¿Cuándo .... el cumpleaños de M.ª Luisa?
    ▶ Pues si hoy .... a 15, su cumpleaños .... dentro de tres días, el 18.

13. ▷ ¿Dónde .... la fiesta de Blas?
    ▶ En la discoteca que .... al lado de su casa.

14. Hoy he ido al mercado y los percebes .... carísimos. ¡Hay que ver qué cara .... la vida!

15. ¡Qué chaqueta tan bonita! ¿.................... de lino?

16. ¿Has visto la ventana? .... rota.

17. ▷ Estos libros .... de Jaime. ¿Se los puedes llevar?
    ▶ Claro, mañana se los llevo.

18. ▷ ¡.................... increíble lo caros que están los pisos!
    ▶ Sí, ... claro que es un problema que tiene que resolver el gobierno.

8.2. Indica cuál es el uso del verbo *ser/estar* en las frases del ejercicio anterior.

1. estado temporal / estado temporal
2. .... / ....
3. ....
4. .... / ....
5. ....
6. ....
7. ....
8. ....
9. ....
10. .... / ....
11. ....
12. .... / .... / ....
13. .... / ....
14. .... / ....
15. ....
16. ....
17. ....
18. .... / ....

8.3. Completa las frases con la forma correcta de los verbos *ser/estar*.

1. ▷ Nosotros ya .... listos para salir, ¿y vosotros?
   ▶ Pues nosotros no. Ya .... negro, llevo una hora esperando a Maite.

2. Roberto .... muy orgulloso. No tiene trabajo y va justo de dinero, pero por no pedir dinero a nadie es capaz de pasar hambre.

3. Sofía .... muy generosa. Cada Navidad hace regalos a todos los compañeros de trabajo.

4. Ayer vi a Juan Luis. ¡Qué elegante .... con su traje nuevo!

5. El hijo de la vecina .... muy listo, ha aprendido él solo a leer.

6. ▷ ¡No lo puedo creer! Angelines .... muy simpática últimamente.
   ▶ Sí, es que está enamorada.

7. ▷ José nunca .... atento cuando hablamos y hay que repetir las cosas varias veces.
   ▶ Sí, es verdad, pero .... tan atento que se le puede perdonar cualquier defecto.

8. ▷ ¿Has probado este pastel? .... malísimo, parece de ayer.
   ▶ ¡Qué dices! Yo también he comido y .... muy rico.

9. Felipe siempre va presumiendo de que .... verde, pero yo creo que aún .... verde en todos los temas de reciclaje.

10. Lola y Fernando .... muy orgullosos de la fiesta que organizaron la semana pasada. La verdad es que les salió todo perfecto.

11. Patricia hoy no .... muy católica, tiene un resfriado tremendo.

12. Este niño .... malo. No hay manera de que obedezca a sus padres y no pegue a sus compañeros.

13. Pablo .... muy amable siempre, pero desde hace unas semanas .... muy antipático, no sé qué le pasa.

14. Cuando llegué anoche de la fiesta, mi madre aún .... despierta.

15. El jamón serrano de Salamanca .... buenísimo, tiene una calidad extraordinaria.

16. Fernando no ha venido a trabajar, ... malo, tiene fiebre.

17. Jorgito .... un niño muy despierto. Tiene cuatro años y ya sabe leer.

8.4. Completa las siguientes frases con una de las expresiones idiomáticas del cuadro.

> • ser un muermo • estar sin blanca • estar como un palillo
> • estar como pez en el agua • estar trompa • estar hecho polvo • ser un fresco
> • ser un aguafiestas • ser uña y carne • estar pez • ser un pelota

1. ▷ ¿Has visto qué delgada está Josefina?
   ▶ Sí, es verdad, ... Si sigue así tendrá que ir a la sección infantil para comprarse la ropa.

2. José Luis solo tiene 23 años, pero .... No quiere salir nunca, solo quiere estar en casa y ver la tele. Parece un viejo.

3. Jorge ...., hace más de un mes que le presté 200 € y todavía no me los ha devuelto.

4. Juan Antonio no conocía a nadie en la fiesta, pero ...., hacía bromas y hablaba con todos.

5. Pablo siempre va detrás del jefe. Le lleva el café, le hace recados fuera de su hora de trabajo, ..es un pelota..............

6. No podemos ir al concierto de Manu Chao, ...

7. Ayer vi a Felipe y a Alejandro y .... Iban de un lado al otro de la calle gritando y dando patadas a todo, parecían niños.

8. Cuando llegué a casa, mi madre y mi hermana .... Se habían pasado toda la tarde en el gimnasio.

9. Susana ...., siempre que queremos organizar una salida o una fiesta con todo el grupo de clase ella tiene que decir que no.

10. Desde que conozco a M.ª Luz y a Sonia siempre las he visto juntas. Han ido a los mismos colegios, han estudiado la misma carrera y hasta se han casado el mismo día. ....

11. .... en geometría y mañana tengo el examen. Me parece que lo suspendo seguro.

8.5. Completa las frases con la forma *que/donde* + el indicativo del verbo entre paréntesis.

1. Es una cosa (meter, tú) ......donde metes....... la agenda, las llaves de casa, el bolígrafo, el móvil…

2. Es algo (utilizar, tú) .... para ayudarte a navegar por internet.

3. Es un lugar por (ir) ......donde van........ los coches a gran velocidad.

4. Es algo (escribir, tú) .... tus secretos más íntimos.

5. Es una cosa (ponerse, tú) .... en la cabeza para evitar fracturas cuando tienes un accidente.

6. Es un lugar (viajar, tú) .... cuando quieres relajarte.

7. Es algo (buscar, tú) .... información cuando no conoces nada sobre el tema.

8. Es algo (comer, tú) .... en verano cuando hace mucho calor.

9. Es un lugar (vivir) .... animales en cautividad.

10. Es una máquina (servir) .... para mantener las cosas frescas.

11. Es un lugar (ir, tú) .... a estudiar, leer o coger libros prestados.

12. Es una cosa (poner, tú) .... en las ventanas para que no entre la luz.

8.6. Relaciona las definiciones anteriores con las siguientes palabras.

> • biblioteca • sandía • bolso
> • ratón • persiana • páginas amarillas
> • casco • isla desierta • autopista
> • diario • frigorífico • zoo

1. .... 4. .... 7. .... 10. ....
2. .... 5. .... 8. .... 11. ....
3. ...autopista... 6. .... 9. .... 12. ....

8.7. Completa las frases con *que/donde* + indicativo/subjuntivo.

1. Esta mañana he visto al chico (conocer, nosotras) ......que conocimos...... ayer.
2. Estoy haciendo un trabajo de ciencias y necesito un libro (tratar) .... de la lluvia ácida.
3. ▷ El cine empieza a las nueve, ¿dónde quedamos?
   ▶ (Querer, tú) .... Yo voy en moto y no tengo problemas de aparcamiento.
4. Luis está buscando alguna cosa (servir) .... para unir cartón y plástico.
5. Pásale a Lucía el pegamento (servir) .... para pegar papel y madera.
6. La semana pasada estuvimos en el hotel (pasar, yo) .... la luna de miel con mi primer marido.
7. Pedro y Anabel quieren comprarse un piso (ser) .... céntrico y no muy caro.
8. ▷ ¡Tu primera cita! ¿Dónde vais a ir a cenar?
   ▶ No sé, pero Juan Carlos quiere que vayamos a un restaurante (ser) .... especial y (haber) .... música en directo.
9. Hoy han derribado la casa (vivir, nosotros) .... nuestros mejores momentos.
10. ▷ ¿Dónde vas a ir de vacaciones este verano?
    ▶ Pues como pagan mis padres, iré (querer) .... ellos.
11. ▷ ¿Qué va a necesitar?
    ▶ No sé, quizá una secretaria y un par de personas (atender) .... el teléfono y la recepción.
12. Nunca he conocido a nadie (poder) .... hablar con fluidez más de tres idiomas diferentes.
13. ¿Sabes si hay alguien en tu clase (querer) .... comprar un gatito? Es que la gata (tener) .... mis padres ha tenido crías.
14. El pueblo (estar, nosotros) .... el año pasado es mi lugar favorito para pasar las vacaciones.
15. No, lo siento, me parece que no hay nadie (estar) .... dispuesto a ayudarte con la mudanza.

8.8. Lee el siguiente texto.

ELLAS LOS PREFIEREN CON UN BUEN TRASERO

Las españolas quieren hombres con buenos dientes, limpios y afeitados, según un estudio.

¿Qué tipo de hombres prefieren las españolas? Que sea tierno, comprensivo, fiel y que tenga una buena presencia; es decir, que tenga un bonito pelo, bien cortado, que huela bien, que su sonrisa muestre unos cuidados dientes, libres de caries, con una mirada sensual, sin rastro de barba en su rostro y con unas atractivas posaderas. Casi nada... Este es el perfil del hombre ideal elaborado por el grupo MSD, después de encuestar a medio millar de mujeres de seis ciudades españolas.

El estudio, que forma parte del proyecto para la Evaluación Continuada del Impacto de la Alopecia, fue elaborado el pasado mes de febrero y pone de relieve, entre otros aspectos, que las mujeres españolas, en una proporción de 9 a 1, prefieren a los hombres con pelo para formar una pareja, proporción que se incrementa en el caso de querer formar una pareja estable. Las mujeres que mostraron una menor inclinación por los varones calvos fueron las sevillanas y valencianas (99%). Las barcelonesas, por el contrario, se mostraron más comprensivas ante un hombre con una cabellera poco poblada.

Los hombres con pelo (algo que escasea a medida que van entrando en edad) son vistos por las españolas como "sexys", atractivos, dinámicos y juveniles. Preguntadas por el hombre que elegirían para tener una aventura de una noche, en el 92% de los casos el candidato escogido tenía todo el pelo de la cabeza. No ocurre lo mismo si lo que se quiere es un amigo al que contarle confidencias. En este caso, si tiene pelo o está completamente calvo apenas si cuenta.

¿Y qué tipo de hombres desagrada a las españolas, según este estudio? Pues aquellos que descuidan por completo su imagen, o lo que es lo mismo, que lleven el pelo sucio, que el sudor sea su aroma habitual, que estén gordos, que vistan de una manera poco elegante y tengan una dentadura poco presentable.

"Como se puede ver, lo que importa a las mujeres y que valoran mucho es que el hombre cuide su higiene", explicó María Eugenia Fernández de Castro, experta en temas sociológicos y femeninos.

Mejor guapo que rico

Un aspecto destacable del estudio es que apenas se mencionan las cuentas corrientes de los hombres. "Es muy curioso, pero la mayoría de las mujeres consultadas (65%) declaró preferir un varón atractivo que uno rico, excepto en La Coruña, donde la mayor parte de las féminas se inclinó por una pareja con dinero y a poder ser mucho", explicó Fernández de Castro. "Esto refleja que la mujer está cambiando, que se siente más segura y, sobre todo, que es independiente económicamente, sobre todo las más jóvenes y con estudios", indicó.

(Adaptado de *La Vanguardia*)

8.9. Contesta verdadero o falso a las siguientes afirmaciones.

	verdadero	falso
1. Las mujeres prefieren hombres que se afeiten regularmente.	☐	☐
2. El grupo MSD encuestó a 500 000 mujeres de toda España.	☐	☐
3. Tan solo las barcelonesas prefieren a los calvos.	☐	☐
4. Las mujeres españolas consideran que los hombres con poco pelo son más sexys.	☐	☐
5. Las mujeres prefieren tener amigos con hermosas cabelleras.	☐	☐
6. A las mujeres les gustan más los hombres que prestan atención a su apariencia.	☐	☐
7. En general, el dinero no es lo más importante para ellas.	☐	☐

8.10. Busca en el texto las palabras y expresiones que se puedan clasificar en la tabla que tienes a continuación.

Adjetivos de descripción	Partes del cuerpo	Aseo personal
Carácter:		
Físico:		

8.11. Completa los siguientes anuncios con los verbos del recuadro en la forma correcta:

- atravesar • hablar • desplazarse • temblar • tener (3)
- dar • dominar • oponerse • ser (3) • poder • pertenecer
- lucir • mover • sentir • traer

Príncipe Azul del Cuento,

preocupado por la futura sucesión, busca señorita que .... don de gentes, que .... varios idiomas (el español es obligatorio), que .... el protocolo internacional, que .... alta y rubia y que ...., preferiblemente, a una familia de la realeza europea.

Contacto: PALACIO REAL

Fantasma para Castillo Encantado

Necesitamos fantasmas que .... con sigilo, que .... adoptar diferentes formas, que .... miedo, que .... sus propias cadenas, que .... las paredes y .... objetos.

Interesados: aparecerse en el castillo del Conde Drácula

Gran Circo De los Hermanos Popov

Necesita león que no .... miedo, que .... fiero y salvaje, que no .... ante el fuego, que .... una melena majestuosa y rubia y que .... unos dientes afilados.

Contacto: domamiaupopov@hotmail.com

Joven esposa

residente en el corazón de África busca profesor de "buenas maneras" para su amado esposo. Se necesita una persona que .... aventurera, que .... paciencia y no .... a compartir mesa y mantel con nuestra querida mascota Chita.

Contacto: JANE.

Unidad 9

9.1. **Completa las siguientes frases con la forma correcta del indicativo o del subjuntivo.**

1. Cuando (hacerse, tú) .... el *piercing* y (enseñar) .... el ombligo estarás mucho más sexy.
2. Cuando (llegar, yo) .... a casa después de un largo día de trabajo, lo único que me apetece es tomar un baño de espuma y relajarme.
3. Me gusta ir a la playa cuando (haber) .... tormenta para ver el mar embravecido.
4. No te olvides la toalla cuando (ir) .... a la playa.
5. ¿Piensas hacer una gran fiesta cuando (saber) .... el subjuntivo perfectamente?
6. A Pinocho, cuando (mentir), ... le crece la nariz.
7. No tengo mucho tiempo pero, cuando (poder) ...., me gusta hacer un poco de deporte.
8. Ya sé que no tienes mucho tiempo pero, cuando (poder) ...., ven a mi casa y tomaremos algo.
9. Cuando me (sobrar) .... tiempo, doy largos paseos por el parque.

9.2. **Completa las frases siguientes con el verbo en el tiempo correcto.**

1. Muchos niños pequeños dicen que, cuando (crecer) ...., quieren ser policías o bomberos.
2. ¿Qué querías ser tú cuando (ser) .... pequeño?
3. ¿Recuerdas? Cuando (abrir, nosotros) .... la tienda de regalos (ser) .... Navidad y (nevar) .... mucho.
4. Últimamente M.ª Luisa está muy rara; cuando me (ver, ella) ...., se va en otra dirección y no quiere hablar conmigo, pero ya estoy harta; hoy, en cuanto la (ver, yo) .... voy a preguntarle qué le pasa.
5. Cuando (venir, nosotros) .... a España pensábamos que siempre hacía calor. Cuando (volver, nosotros) .... a nuestro país, les diremos a nuestros amigos que en España también hace frío.
6. Mis vecinas son muy escandalosas. Cuando (llegar) .... a casa hacen un ruido insoportable.
7. Cuando Marisa (regresar) .... de Brasil, le vamos a regalar un ramo de flores porque es una persona estupenda.
8. Cuando (llegar, tu) .... a casa, llámame, por favor.
9. Antes, cuando (poder, nosotros) ...., siempre (pasar, nosotros) .... los fines de semana fuera de casa.

9.3. Completa las frases siguientes con los verbos del recuadro en la forma correcta de infinitivo, indicativo o subjuntivo.

> tener • irse • llamar • terminar • firmar • viajar • preparar • aparecer • rodar • visitar • estar

1. Cuando ____tengo____ un examen, me pongo muy nervioso.
2. Antes de _____ de viaje, tienes que vacunarte.
3. No nos iremos hasta que nos _____ (vosotros) por teléfono.
4. Tan pronto como _____ la película, nos iremos.
5. Después de que (ellos) _____ el contrato, firmaremos nosotros.
6. Cada vez que _____ en barco, se marea.
7. Mientras Javier _____ la cena, tú puedes hacer los deberes.
8. Se fue de la sala nada más _____ el actor principal.
9. Después de _____ el corto, comenzó con un largometraje.
10. Siempre que _____ a M.ª Dolores, nos invitaba a cava.
11. Cuando _____ jubilados, daremos la vuelta al mundo.

9.4. Clasifica las frases anteriores según el matiz temporal que añaden al verbo principal.

A. Acción habitual: ☐
B. Acción repetida: 6 ☐
C. Acción anterior: ☐
D. Acción inmediatamente posterior: ☐ ☐
E. Acción posterior: ☐ ☐
F. Límite de acción: ☐
G. Acción simultánea ☐
H. Acción futura: ☐

9.5. Relaciona las dos columnas y forma frases con sentido:

1. No cantaremos
2. Compraremos las entradas
3. Después de enviar la carta,
4. Antes de visitar esta ciudad,
5. Mientras él hablaba de política,
6. Cada vez que voy a verla,
7. Nada más salir de la reunión,
8. Siempre que vienes,
9. Antes de que terminéis el informe,

A. yo ya estoy esperándote.
B. no sabía que era tan bonita.
C. hasta que no nos paguen.
D. me dicen que no está.
E. yo ya habré llegado.
F. tan pronto como las pongan a la venta.
G. su jefe se dedicaba a jugar con el ordenador.
H. supe que había cambiado de dirección.
I. se pusieron a fumar sin parar.

1	2	3	4	5	6	7	8	9
☐	☐	☐	☐	☐	☐	☐	☐	☐

Ejemplo: *1-C* → *No cantaremos hasta que no nos paguen.*

2. ....
3. ....
4. ....
5. ....

6. ....

7. ....

8. ....

9. ....

9.6. Completa las siguientes frases con los marcadores temporales del recuadro.

> • mientras tanto • hasta que • nada más • en cuanto
> • después de que • al cabo de • cada vez que • antes de
> • después • mientras • antes de que • más tarde

1. ▷ ¿Cómo fue la reunión de ayer?
 ▶ Pues mal, ... llegaron José M.ª y Antonio empezó una pelea entre ellos y el encargado y no pudimos seguir.

2. ▷ ¿Cómo están los preparativos para la fiesta de Luis?
 ▶ Regular, ... intentábamos hablar de la fiesta, Luis aparecía como un fantasma y teníamos que cambiar de tema.

3. ▷ ¿Ya está todo listo?
 ▶ No, pero .... llegue Jaime lo tiene que estar. Si no queremos recibir una bronca.
 ▷ ¿Y cómo nos vamos a organizar para hacerlo todo?
 ▶ Pues mira, yo voy limpiando el salón y .... tú limpias la cocina. .... ya veremos.

4. ▷ ¿Cuándo empezaste a trabajar aquí?
 ▶ Unos meses .... terminar la carrera, en febrero.

5. ▷ ¡Mamá! ¿Cuándo nos vamos al cine?
 ▶ .... no termines los deberes no nos iremos.

6. ▷ ¿Vas a ver hoy a Fernando?
 ▶ Sí, pero .... termine su sesión de yoga.

7. ▷ ¿Cómo fue el examen de filosofía?
 ▶ Genial, ... empezar, el profesor tuvo que salir y estuvimos toda la hora solos. Ya te puedes imaginar.

8. ▷ ¿Va a venir José Luis a la fiesta?
 ▶ .... yo viva aquí, él no entrará en mi casa.

9. ▷ ¿Te has enterado de lo de Marisol?
 ▶ No, dime.
 ▷ Pues que conoció a un chico y .... dos semanas se fueron a vivir juntos.

10. ▷ ¿Has visto la suerte que ha tenido Sebastián? Empezó a trabajar y un mes .... ya era encargado.
 ▶ Bueno, es que es muy trabajador. Se lo merece.

9.7. Aquí tienes algunas de las fábulas más famosas; completa los verbos de manera correcta para poder leerlas. Todas las fábulas tienen una enseñanza. ¿Cuál crees que es la moraleja de estas dos historias?

El cuento de la Lechera

La hija de un granjero llevaba en la cabeza un cántaro lleno de leche fresca para venderla en el mercado. Mientras caminaba, la lechera empezó a pensar y a hacer planes para el futuro...

"Con parte de la leche de este cántaro obtendré nata y, cuando (obtener) .... la nata, la (convertir) .... en mantequilla y la venderé en el mercado. Cuando (vender) .... la mantequilla, (comprar) .... pollitos. Cuando los pollitos (ser) .... grandes, (vender) .... algunos y con el dinero (poder) .... comprarme un vestido nuevo. Cuando (llevar) .... mi vestido (ir) .... al mercado y todos los hombres (enamorarse) .... de mí, pero yo les (decir) .... que no con la cabeza...."

Y, olvidando que llevaba el cántaro, mientras pensaba en cómo diría que no a todos los hombres, la lechera movió la cabeza; el cántaro cayó al suelo y se rompió, la leche se derramó y todos sus planes desaparecieron en un instante.

(Esopo, adaptado)

La Cigarra y la Hormiga

Cada vez que (llegar) .... el verano, la cigarra cantaba y cantaba. No quería trabajar, solo quería disfrutar del sol. Un día, mientras la cigarra (estar) .... tumbada debajo de un árbol, pasó por allí una hormiga que llevaba un gran saco de comida. Cuando la cigarra la (ver) ...., (reirse) .... de ella, pero la hormiga le contestó:

"Antes de que (darse, tú) .... cuenta, (venir) .... el invierno y entonces no (reirse, tú) ...."

El tiempo pasó y pasó... Cuando (llegar) .... el invierno, la cigarra no tenía nada que comer, así que fue a casa de la hormiga y le dijo:

"Señora hormiga, por favor. Préstame algo de comida, que yo te la devolveré cuando (ser) .... posible."

Pero la hormiga le respondió muy enfadada:

"Mientras yo (trabajar) .... duramente, tú te reías de mí. Pues ahora no te daré nada de nada."

Y le cerró la puerta.

(Jean de La Fontaine, adaptado)

El cuento de la lechera: ....
....

La Cigarra y la Hormiga: ....
....

9.8. Seguro que ya has probado la famosa tortilla de patatas española, pero... ¿Sabes cómo hacerla? Completa los verbos con la forma correcta y prepárate a disfrutar de la cocina.

Ingredientes: patatas, huevos, sal, aceite (si se desea se puede añadir cebolla).

Preparación:

Pelamos las patatas, las lavamos y las cortamos en redondo. Ponemos el aceite en una sartén y cuando (estar) .... caliente, echamos las patatas y les ponemos sal. Las dejamos freír hasta que (dorarse) .... y (ponerse) .... blandas. Cuando (estar) .... blandas, se sacan de la sartén con la espumadera hasta que no (tener) .... mucho aceite.

Mientras las patatas (freírse) ...., batimos los huevos en un bol. Después de (retirar) .... las patatas, las mezclamos con el huevo. A continuación ponemos la mezcla otra vez en la sartén y la freímos hasta que (adquirir) .... un ligero color dorado. En ese momento le damos la vuelta a la tortilla y volvemos a freír. Cuando (estar) .... lista, la sacamos de la sartén, la colocamos en una fuente redonda y nos la comemos antes de que (enfriarse) ....

9.9. Lee el siguiente texto y, después, contesta a las preguntas.

LA VERDADERA VIDA

En el pueblo de mi abuela vivía una mujer que se ganaba la vida yendo todos los días a pie, por el bosque, al pueblo de al lado (algo más grande, con cuatro o cinco tiendas) a hacer recados que le encargaban los vecinos. Yo llegué a conocerla; la verdad es que apenas la recuerdo: ¿era una anciana pulcra, vivaz, risueña? ¿Vestía de luto y llevaba el pelo blanco recogido en un moño? ¿Tenía una casita diminuta, blanca, con las sartenes relucientes colgadas por orden de tamaño en la pared y el suelo limpio "como los chorros del oro"?... Tal vez estas imágenes sean simplemente el recuerdo colectivo que guardo de todas las viejecitas del pueblo de mi abuela y sin embargo todos los años, cuando llega la primavera, pienso en ella.

Hace muchísimo tiempo, en mi infancia, la primavera era la estación de los vencejos. Nos daba un vuelco el corazón cuando el primer chillido de vencejo rasgaba el cielo. Pronto los vencejos llenaban el aire, en desbandada, salían disparados hacia una libertad lejana, pregonando una noticia imprecisa pero sin duda urgente, importante y alegre. La noticia de lo que nos esperaba a nosotros al salir de la cárcel de la infancia. Pensábamos: "cuando seamos mayores viviremos la vida de verdad, la vida adulta, que será poética y emocionante, una vida a lo grande, de amores, arte, viajes..."

Y ahora aquí está. No podemos por más tiempo engañarnos, seguir contándonos el cuento de que la vida de verdad está en otro lugar, en otro tiempo. La vida es ahora, y ser mayor era esto. ¿Qué? Lo que nos llena los días: pedir un presupuesto, poner la lavadora, llevar el coche a la ITV y los niños al dentista.

O quizá todo esto no es ser adulto, sino serlo en una sociedad desarrollada. Quizá es el precio inevitable que tenemos que pagar a cambio de poder elegir entre miles de libros, centenares de películas, docenas de posibles vacaciones (lástima que no tengamos apenas tiempo para ir al cine ni dinero para viajar ni con quién dejar a los niños). A veces, algún día de desánimo nos da por pensar que esa infinita gama de posibilidades no nos ha traído libertad ni riqueza interior –de felicidad ni hablemos– sino desorientación, complicación y agobio. A veces, cuando lo que anuncia la primavera ya no son los vencejos en el cielo, sino la declaración de impuestos que aparece en nuestro buzón por estas fechas, nos da por soñar con la vida de aquella mujer del pueblo de la abuela. Nunca vio el mar, ni París, ni una película, pero nunca tuvo tampoco que rellenar un impreso, ni instalar una alarma, ni soportar un atasco. Disfrutó un mundo simple y puro, hecho solamente de humanidad y de naturaleza... Aunque ahora que escribo esto, recuerdo lo que me contaba una amiga, hoy residente en Madrid, pero nacida en un pueblo de Palencia: que cuando, de pequeña, en el campo, oía a los coches pasando a lo lejos, soñaba con lo que para ella era la verdadera vida: ciudades, automóviles, anuncios, aviones, discotecas... No tenemos remedio.

(Adaptado de **Laura Freixas. El Runrún.** La Vanguardia)

9.10. **Di si estas frases son verdaderas o falsas.**

	verdadera	falsa
1. Cada vez que llega la primavera la autora piensa en los vencejos.	☐	☐
2. El suelo de la casa de la abuela era de oro.	☐	☐
3. La autora pasó su infancia en la cárcel.	☐	☐
4. Ella pensaba que su vida adulta sería apasionante.	☐	☐
5. Para la autora, la vida adulta está llena de complicaciones provocadas por la propia sociedad.	☐	☐
6. La autora se siente desanimada porque casi no tiene opciones entre las que elegir.	☐	☐
7. En España la primavera viene anunciada por los impresos para hacer la declaración de la renta.	☐	☐
8. La autora piensa que la anciana del pueblo de su abuela era una mujer feliz.	☐	☐
9. Según la autora, la verdadera vida está compuesta de ciudades, automóviles, anuncios, aviones y discotecas.	☐	☐
10. Cuando la autora dice "no tenemos remedio" quiere decir que nadie está contento con lo que tiene.	☐	☐

9.11. **Explica, con tus propias palabras, qué significan las siguientes expresiones:**

1. Ganarse la vida: ....
2. Estar como los chorros del oro: ....
3. Dar un vuelco el corazón: ....
4. No tener remedio: ....

9.12. **Completa las siguientes frases:**

1. Cuando tenga un hijo, ...
2. Me casaré cuando ....
3. Todos los días cuando me levanto, ...
4. Cuando cumpla 70 años, ...
5. Cuando era niño, ...
6. Tendré un hijo cuando ....
7. Tuve un hijo cuando ....
8. Te esperaré aquí hasta que ....
9. Me pongo muy contento siempre que ....
10. En cuanto veo a mi profesora de español ....

Unidad 10

10.1. Completa las siguientes frases con los conectores del cuadro.

> • como • es que • porque • debido a • por (2) • a causa de
> • dado que • puesto que • ya que

1. Los Reyes Magos te han traído carbón .... has sido un niño malo.

2. ▷ Lo siento, señor director, pero no hemos terminado el informe financiero del último trimestre .... un fallo informático.

   ▶ Pues, ... no contamos con todos los datos, tendremos que aplazar la reunión para la próxima semana.

3. ▷ M.ª Luisa, voy un momento al supermercado a comprar el arroz para la paella. ¿Quieres algo?

   ▶ Pues, mira, sí. .... vas pásate por la farmacia y tráeme una caja de aspirinas.

4. ▷ ¿Has visto qué músculos tiene Tarzán? No me había fijado antes.

   ▶ Pues claro, ... siempre está nadando y luchando contra los cocodrilos, se mantiene en forma.

5. Nos hemos quedado sin las entradas para el concierto de los Rollings .... tardar tanto en decidir si íbamos o no.

6. El agujero de la capa de ozono está aumentando .... la incesante emisión de gases CFC.

7. ▷ Ya sé, M.ª Luisa, que te había prometido que esta noche iríamos a cenar para celebrar nuestro aniversario, pero .... estoy en medio de una reunión muy importante y no sé cuándo vamos a terminar.

   ▶ Si ya lo sabía yo, a mí siempre me pasan estas cosas .... ingenua.

8. .... este año hemos sobrepasado los beneficios previstos, vamos a gratificar a nuestros empleados con una paga extra.

10.2. Relaciona los conectores de causa de las frases anteriores con su significado.

A. Es que
B. Puesto que
C. Porque
D. Por
E. Debido a
F. Como
G. A causa de
H. Dado que
I. Ya que

1. Expresa la causa de forma general.
2. Expresa una causa conocida.
3. Se utiliza para justificar la respuesta.
4. Introduce una causa con connotaciones negativas.
5. Introducen una causa en un contexto formal.

PRISMA • NIVEL B1. **PROGRESA** [sesenta y uno] ■ 61

10.3. Vuelve a escribir estas frases sustituyendo *porque* por otro conector de causa y haciendo los cambios necesarios en las estructuras de las frases.

1. En los últimos meses los precios han aumentado, entre otros motivos, porque la CE ha introducido la moneda única. (a causa de)

   ....
   ....

2. No podemos ir esta tarde a la playa porque está lloviendo. (como)

   ....

3. El reciclaje se está implantando en la sociedad actual porque los gobiernos se han dado cuenta de que el medio ambiente está seriamente amenazado. (debido a que)

   ....
   ....

4. Me parece muy mal que la gente se manifieste en contra del consumo de pieles de animales porque hay otros problemas más importantes como, por ejemplo, los niños obligados a trabajar como esclavos. (puesto que)

   ....
   ....
   ....

5. La solución al conflicto de Israel y Palestina no parece tener solución porque los dos gobiernos mantienen posturas intolerantes. (por)

   ....
   ....

10.4. Relaciona las dos columnas y forma frases con sentido:

No he podido llamarte por teléfono,		no pagaban el alquiler desde hacía meses.
	porque	no encontramos iglesia.
La recepción del embajador ha tenido que ser suspendida	debido a que	me he quedado sin batería.
Jordi se ha ido a vivir a Londres	es que	
Vamos a tener que cambiar la fecha de la boda	a causa de	no consideraban justa la decisión de la empresa.
Voy a romper mi relación con Antonio	dado que	los últimos acontecimientos internacionales.
Los inquilinos fueron desahuciados de las viviendas	ya que	motivos de trabajo.
Los trabajadores presentaron un recurso	por	no tengo noticias suyas desde hace dos meses.

1. ....
2. ....
3. ....
4. ....
5. ....
6. ....
7. ....

10.5. Encuentra los sustantivos derivados de los siguientes verbos:

> • pelearse • aficionarse • permanecer • pertenecer • conducir • emborracharse

pelearse → la pelea

10.6. Ahora, completa las siguientes frases sustituyendo el verbo por uno de los sustantivos anteriores, realizando los cambios que sean necesarios.

1. Le echaron de la discoteca por pelearse con el camarero.

2. Empezó a tener problemas por aficionarse a la bebida.

3. Ese futbolista ha hecho todo lo posible por permanecer en el mismo equipo.

4. La policía le detuvo por pertenecer a un grupo violento.

5. Le quitaron el carnet por conducir peligrosamente.

6. Hoy le duele mucho la cabeza por emborracharse ayer por la noche.

10.7. Lee con atención las siguientes frases y corrige la información que no sea correcta.

1. Antonio Banderas es un famoso actor mexicano, ¿verdad?
   No, no es mexicano, **sino** español.

2. Me parece que Matrix es una película histórica, pero no estoy seguro.

3. Pues yo creo que al final el príncipe se casa con la madrastra de Cenicienta.

4. Blancanieves se quedó dormida porque se comió unas aceitunas, ¿no?

5. ¡Claro que conozco a Madonna! Es esa famosa cantante de ópera.

6. Pues el dinero que había en España antes del euro se llamaba lira.

7. El libro más importante de la literatura española, *Don Quijote,* lo escribió un señor que se llamaba Shakespeare.

8. Chile es un país que tiene frontera con Brasil, ¿no?

9. Yo creo que "Las Meninas" es un cuadro de Velázquez famosísimo que está en el Louvre de París.

10. Caperucita se fue al bosque porque su madre le ordenó buscar setas para la cena.
....

11. Los primeros en llegar a la luna fueron los rusos, ¿no?
....

12. El chocolate es originario de África, ¿verdad?
....

10.8. Reacciona ante las siguientes frases escribiendo las informaciones con la estructura correcta.

Ejemplo:
> ▷ Me ha dicho Gabi que no viene a la cena porque está enfermo. (no dejarle su novia)
> ▶ **No es porque** esté enfermo, **sino porque** su novia no le deja.

1. ▷ José M.ª no usa internet porque no le gusta. (no saber usarlo)
▶ ....

2. ▷ Eva nunca hace su fiesta de los 80 porque no sabe qué ponerse. (no tener tiempo)
▶ ....

3. ▷ M.ª Ángeles está aprendiendo arte dramático porque quiere cambiar de trabajo. (tener madera de actriz)
▶ ....

4. ▷ María baila flamenco porque le gusta. (querer buscar trabajo en Suecia)
▶ ....

5. ▷ Anna es vegetariana porque no quiere comer nada que tenga ojos. (no gustarle la carne)
▶ ....

10.9. Lee el siguiente texto de una de las escritoras españolas más populares, y contesta después a las preguntas.

Tú conociste al primero, Sofía. Lo que no sabes, porque a partir de eso empezó mi distanciamiento contigo, es cuánto me cambió la vida aquella primera pena de amor, todavía llevo la marca. Luego, a fuerza de pasarme una y otra vez la película, he entendido que fue una pena de amor doble y que por eso me dolió tanto. Lo más grave no fue que Guillermo me dejara de la noche a la mañana sin dar explicaciones, sino que no me las dieras tú tampoco, que las tenías todas. Tardé en saber que las tenías, y no lo supe por ti, tardé en entender por qué estabas rara conmigo, por qué huías con los ojos a otra parte cuando me veías triste, en aceptar tus silencios. Tú también sufrirías, supongo. Y hasta incluso más. Ahora sé por mis estudios y por confidencias del diván que las cosas que no se aclaran a su debido tiempo, van formando como un muro de masa que enseguida se empieza a solidificar hasta que al final es imposible derribarlo. Un dique construido con cemento de cobardía e inercia, que acaba impidiendo el paso a una relación antaño transparente. Se obstruyeron los conductos de la tubería y se va almacenando por dentro mucha mierda, aunque no lo sepamos porque tarda en oler. Lo malo, además, de esas tuberías del alma es que se localizan mal y que no sirve cualquier fontanero, tiene que ser uno muy especializado. Acuérdate de aquella frase del Eclesiastés que tanto nos gustaba: "¿Quién ennegreció el oro? ¿Por qué el oro fino perdió su brillo?" Yo me lo preguntaba mucho a lo largo de aquella primavera en que nuestro oro fino se ennegreció, y eran porqués sin respuesta; yo misma en el fondo no quería buscarla, tenía miedo de hurgar en lo que habría podido darme una respuesta fea. Así que me limitaba a complacerme en mi papel de víctima maltratada por el destino. Luego, cuando me enteré de lo que estaba pasando, tuve una reacción inesperada.

Carmen Martín Gaite. *Nubosidad variable* (adaptado)

10.10. Contesta si la información es verdadera o falsa.

	verdadero	falso
1. La vida de la autora cambió debido a una decepción amorosa.	☐	☐
2. La autora ha visto muchas veces la misma película de amor.	☐	☐
3. Sofía abandonó a la autora de repente.	☐	☐
4. Sofía sabía lo que había pasado entre Guillermo y la autora.	☐	☐
5. Los problemas que no se solucionan en su momento dificultan la relación entre amigos.	☐	☐
6. La autora necesita un fontanero.	☐	☐
7. La autora, en realidad, tenía miedo de descubrir qué pasó entre Sofía, Guillermo y ella misma.	☐	☐
8. A la autora le gustaba ser maltratada por su novio.	☐	☐

10.11. Contesta por escrito a las siguientes preguntas.

1. En el texto la autora se dirige a una mujer llamada Sofía a la que recuerda sus problemas con Guillermo. ¿Por qué crees que se dirige a ella?
   ....

2. ¿Qué crees que quiere decir la autora con "fue una pena de amor doble"?
   ....

3. ¿Qué tipo de trabajo crees que tiene la autora? Justifica tu respuesta.
   ....

4. ¿Por qué la autora empieza a hablar de cemento y fontaneros?
   ....

5. Explica con tus palabras qué significa la expresión "se ennegreció el oro".
   ....

6. ¿Qué crees tú que no quería descubrir la autora aquella primavera, cuando "se ennegreció el oro"?
   ....

10.12. Reacciona ante las siguientes frases corrigiendo las informaciones con la estructura correcta.

Ejemplo:
▷ A Diego le encanta la filosofía. (ser un filósofo)
▶ <u>**No es que** le encante la filosofía, **sino que** es un filósofo.</u>

1. ▷ Angie es muy antipática. (ser muy tímida)
   ▶ ....

2. ▷ Rosa tiene sueños proféticos. (estar preocupada)
   ▶ ....

3. ▷ A Miguel le gusta mucho hablar. (ser un gran contador de historias)
▶ ....

4. ▷ Isis nunca quiere salir por la noche. (tener tres niños)
▶ ....

5. ▷ Dani siempre encuentra los libros porque es muy ordenado. (saber dónde buscar)
▶ ....

6. ▷ ¿Rosa nunca va a las fiestas de Manolo porque le cae mal? (vive lejos)
▶ ....

7. ▷ ¿Los estudiantes no vienen a clase porque no les gusta el tema? (a esas horas tener hambre)
▶ ....

10.13. **Encuentra los verbos o sustantivos derivados de las siguientes palabras, y completa las frases con uno de ellos.**

el distanciamiento → ....   impedir → ....

entender → ....   huir → ....

la pena → ....   sufrir → ....

tardar → ....   el brillo → ....

solidificar → ....   gustar → ....

1. ¡Otra vez llega tarde! Como siga así, van a despedirlo por su ....

2. ▷ Desde que el año pasado los dos hermanos ...., la familia ha tenido muchos problemas.

   ▶ Sí, es verdad. Es necesario encontrar la forma de llegar a un .... y solucionar esto para siempre.

3. Ponen muchos .... a este proyecto, pero creo que lo conseguiremos.

4. ¡Qué triste estoy! Mi mejor amiga no puede venir a mi boda porque vive en Australia. .... muchísimo, hace tanto tiempo que no la veo.

5. El hielo se produce por la .... del agua.

6. ¡Hay que ver cómo .... tus suelos! ¿Con qué los limpias?

7. .... de los presos ayer por la tarde ha puesto en movimiento a toda la policía de la ciudad.

8. Los médicos están empezando a usar marihuana para evitar el .... de los pacientes.

9. La verdad es que es una gran actriz y una persona muy interesante, aunque en cuestión de hombres tiene unos .... muy especiales.

Unidad 11

11.1. Relaciona los elementos de las dos columnas y construye frases utilizando los conectores de consecuencia (por eso, así que, de ahí que, ...).

1. Ayer Josefina tener 40 de fiebre
2. (Vosotros) estudiar poco
3. Anoche Antonio estar borracho
4. Hoy el niño jugar con el mechero
5. Estar (nosotros) todo el mes de vacaciones
6. M.ª Cristina no soporta el humor de Ana
7. José Javier no trabajar desde enero
8. M.ª José romper con su novio
9. Gustar (nosotros) mucho este hotel
10. Felipe trabajar mucho

A. saber nada sobre el accidente.
B. volver el año próximo otra vez.
C. no venir nunca a mi casa cuando está ella.
D. tener tantas deudas.
E. suspender el examen de español.
F. caerse por las escaleras.
G. no poder ir a la reunión.
H. quemarse los dedos.
I. darle un infarto.
J. estar muy triste.

1. Ayer Josefina tenía 40 de fiebre, por eso no pudo ir a la reunión.
2. ...
3. ...
4. ...
5. ...
6. ...
7. ...
8. ...
9. ...
10. ...

11.2. Completa las frases con el modo y el tiempo correctos del verbo.

1. Faltan Pedro y Germán, así que no (poder, nosotros) .... celebrar la reunión hasta que ellos no lleguen.
2. ¿Realmente crees que hay tanta gente como para que (cerrar, ellos) .... y no (dejar) .... entrar a nadie?
3. Han estado conduciendo toda la noche, de ahí que ahora (necesitar) .... descansar y no (poder) .... responder a sus preguntas.
4. Salir en Nochevieja es carísimo, por lo tanto (decidir, nosotros) .... celebrarlo en casa con los amigos.
5. No está tan lejos la facultad como para que (ir, vosotros) .... en autobús.
6. Los precios están muy altos en estos momentos, por consiguiente (tener, nosotros) .... que esperar a que bajen.
7. No habéis hecho los deberes, os habéis pasado toda la tarde jugando, de modo que ahora (quedarse) .... sin ver vuestro programa preferido.

8. Ayer hubo una avería informática, en consecuencia todos los informes del último trimestre (perderse) .... y hay que volver a introducirlos.

9. No tenía mucho dinero el verano pasado, por eso no (viajar) .... con mis padres a Canarias.

10. No hemos caminado tanto como para que (estar) .... tan cansados.

11. ▷ ¿A qué hora llegáis mañana?
▶ Llegamos al aeropuerto a las ocho de la tarde.
▷ ¡Vaya! Entonces no (venir, vosotros) .... con tiempo de ir a la inauguración de mi exposición de fotografía.

12. La semana pasada fuimos a la discoteca que tanto te gusta, de manera que este fin de semana (ir, nosotros) .... donde yo diga.

13. El viernes próximo no trabajo, por tanto (coger, yo) .... el avión de las diez de la mañana y así (pasar) .... casi tres días en Ibiza.

14. ▷ ¿Has visto la exposición de cuadros de Maite?
▶ Sí, y creo que no son tan buenos como para que (vender, ella) .... tanto como ha vendido.

15. Solo he podido comprar tres entradas, así que uno de nosotros (escuchar) .... el concierto desde casa.

11.3. Completa las frases con la forma adecuada del verbo.

1. Para que los alumnos (mantener) .... el interés es muy importante que la clase sea amena.

2. Voy a comprar velas esta navidad para (crear) .... un ambiente muy especial y para que mi casa (parecer) .... diferente.

3. Tengo que llamar a mi madre para que (decirme) .... cómo se hace el cocido madrileño y para que (traerme) .... su libro de cocina.

4. Para (ser) .... feliz y (disfrutar) .... hay que pensar en positivo y no agobiarse con los problemas de cada día.

5. Para que los niños (crecer) .... sanos y (ser) .... felices no hay que enviarlos a la escuela demasiado pronto.

6. Ha venido la vecina del segundo para (pedirnos) .... sal y para que (bajar, nosotros) .... a ayudarla con los preparativos de la cena.

7. Utilice su tarjeta para (pagar) .... sus compras navideñas y (ganar) .... un fantástico viaje al Caribe.

8. M.ª Luisa se ha ido a los EEUU para (perfeccionar) .... su inglés y (conocer) .... mejor su cultura.

11.4. Completa las frases con la forma adecuada de los verbos del recuadro.

> • oler • adquirir • brillar • desaparecer
> • limpiar • perder • ablandarse • quedarse • purificar

Para prolongar el buen funcionamiento y aspecto de los pequeños electrodomésticos de su cocina, nada como aplicar la "medicina preventiva". Cuidarlos mientras aún disfruten de buena salud. Aquí te proporcionamos un buen número de consejos y de trucos sencillos y eficaces. Síguelos y verás como tus mini-robots no te darán más problemas.

Batidora

Mete la batidora en un vaso con agua y detergente y hazla funcionar durante unos minutos para .... perfectamente; para que .... más, lávala de vez en cuando con agua y vinagre.

Freidora

Para .... el aceite y para que los restos sólidos no .... en el fondo, introduce un papel de filtro cuando el aceite esté caliente.

Sandwichera

Frota la sandwichera con un paño húmedo para que los restos sólidos .... y .... con facilidad.

Yogurtera

Para que los recipientes no .... mal, añade a un litro de agua dos cucharadas de bicarbonato y pon la mezcla dentro de los recipientes durante 15 minutos.

Exprimidor

Para que tus zumos no .... el sabor del detergente, límpialo simplemente con agua y un cepillo.

Cafetera eléctrica

Para que el recipiente de cristal no .... el brillo, cada dos meses llénalo de agua con una cucharada de vinagre.

11.5. Completa los huecos con la forma correcta del verbo usando las estructuras "para + infinitivo" o " para que + subjuntivo".

1. Tienes que pasar por tráfico para (renovar) .... el permiso de conducir.
2. Para (hablar) .... bien español es necesario estudiar mucho y (preguntar) .... a tus profesores para (explicarte) .... lo que no entiendes.
3. Rosa tiene que llamar al técnico para (arreglar, él) .... el timbre de su casa. Cada vez que voy allí para (trabajar, yo) .... tengo que esperar media hora en la puerta.
4. El gobierno debería ayudar a los jóvenes para (poder, ellos) .... encontrar un buen trabajo y (decidirse) .... a formar una familia.
5. Hemos venido para (ayudar, nosotros) .... a nuestro padres con la mudanza y para (instalarse, ellos) .... pronto en su nueva casa.
6. Te he comprado esto para (no olvidarme, tú) .... y (pensar, tú) .... en mí todos los días.
7. Es necesario invertir más dinero para (lograr) .... el desarrollo de los países pobres.
8. Es un lugar muy bueno para (relajarse, vosotros) .... y (olvidarse, vosotros) .... de todos los problemas.

11.6. Completa las siguientes frases con las preposiciones por o para.

1. Gabriel me ha enviado .... e-mail las fotos que nos hicimos en noviembre.

2. ¡Qué viaje tan pesado! .... llegar a Ámsterdam en avión hemos tenido que hacer escala en dos aeropuertos .... **problemas meteorológicos**.

3. ▷ Mira qué pañuelo tan bonito. Se lo he cambiado a M.ª Luisa .... mi pulsera de plata.
   ▶ ¡Pues vaya negocio has hecho!

4. Aunque me vaya tan lejos, no te preocupes, ... tu cumpleaños ya estaré aquí.

5. Martínez, llame a Administración y dígales que necesito los balances .... mañana sin falta.

6. En la amistad y en el amor, ... mí lo más importante es la honestidad.

7. ▷ Ayer estuvimos toda la tarde de tiendas .... el centro y no te puedes imaginar la cantidad de gente que había.
   ▶ Ya, es que .... estas fechas la gente se vuelve loca comprando.

8. Le he pedido a Federico que vaya a la reunión .... mí, porque tengo un dolor de cabeza insoportable.

9. Y este es el último modelo de cafetera con un recipiente .... 12 tazas.

10. Muchas gracias .... tu invitación, he pasado una tarde maravillosa.

11. .... no tener ni idea de cocina, me han salido unos macarrones exquisitos.

12. ▷ Yo .... ti, sería capaz de hacer cualquier cosa.
    ▶ Bueno, bueno, eso solo me lo dices .... que no me enfade contigo.

13. ▷ Abuelita, abuelita ¿.................... qué tienes los dientes tan grandes?
    ▶ ¡¡¡.................... comerte mejorrrrr!!!

14. Don Quijote se volvió loco .... leer demasiados libros de caballerías y se hizo caballero .... buscar aventuras. Un día "subió sobre su famoso caballo Rocinante y comenzó a caminar .... el antiguo y conocido campo de Montiel".

15. ▷ .... mí el mejor actor en este momento es Sean Connery.
    ▶ ¡Pero qué dices hombre! .... buen actor, Santiago Segura. ¡Es un genio! Le dieron muchos premios .... su película "Torrente, el brazo tonto de la ley".

11.7. Lee el siguiente texto.

En busca del cuerpo perfecto: los términos se confunden a menudo: *estética* hace referencia a una cirugía voluntaria, mientras que *plástica* se usa para referirse a la cirugía reparadora realizada con víctimas de accidentes, defectos congénitos o enfermedades como el cáncer.

El *boom* de la estética ha irrumpido con fuerza en nuestro país. España es el lugar de Europa donde se practican más operaciones de cirugía plástica, unas 240 000 al año registradas en los archivos de las clínicas, y otras 200 000 más fuera de todo control. Este mercado mueve millones de euros anuales. ¿Cuánto cuesta un cuerpo perfecto? ¿Cuáles son los límites? En la búsqueda de la belleza, cientos de españoles están haciendo que les corten, aplanen, aumenten o absorban partes de su cuerpo, o que se las reciclen para colocarlas en otro lugar. Se someten a estiramientos faciales, arreglos de nariz, implantes y reducciones de senos, sin incluir el coste los complementos como cremas, lociones, maquillaje, etc.

La cirugía plástica se asociaba exclusivamente a los muy ricos, las *top models* o las estrellas de cine, especialmente a personas tan extravagantes como Cher o Michael Jackson. En ocasiones ha sido utilizada por algunos fugitivos de la justicia. Pero en los últimos años quienes sucumben al bisturí son las personas "normales", entre ellas hay un número creciente de hombres y de adolescentes, fenómeno que no solo sucede en España, sino que es una tendencia mundial. Las razones para explicar el crecimiento de las operaciones de estética en España son diferentes; por un lado se habla de la "ansiedad del nuevo rico", disparada por el asombroso crecimiento económico español en los últimos 25 años. Por otro lado, se dice que "la gente tiene una mayor necesidad de aparecer bella en la cultura mediterránea, porque el cuerpo está más expuesto a la luz del sol y a la vista de otras personas". Además, "las personas quieren aparecer tan jóvenes como se sienten".

A pesar de su popularidad, o precisamente debido a ella, la cirugía estética sigue provocando una gran controversia. Además del debate respecto a la seguridad de estas operaciones, los propios especialistas y psicólogos discuten los pros y los contras de esta práctica. En el centro de la cuestión está el hecho de que estas operaciones se practican a personas sanas que las solicitan voluntariamente. Debido a su naturaleza voluntaria, los detractores consideran que la cirugía estética es una forma cruel y lucrativa que tienen los médicos y los cirujanos para pagarse el Porsche o el Mercedes, aprovechándose de las inseguridades de las mujeres. Pero ni siquiera las feministas se ponen de acuerdo: algunas dicen que por fin las mujeres disponen de las herramientas para asumir el control de sus propios cuerpos, mientras que para otras supone seguir prisioneras de una estética impuesta por los hombres.

Respecto a los hombres españoles, demandan especialmente la liposucción de los *michelines* (grasa acumulada en la cintura), trasplantes de pelo, eliminación de bolsas bajo los ojos, corrección de nariz y orejas, estiramientos faciales y reducción de papada. Independientemente de nuestra opinión, la creciente demanda de estas operaciones indica que nuestra apariencia no es una cuestión frívola, sino que se considera importante para lograr la felicidad: "la importancia de la imagen en las relaciones entre personas es algo innegable, es una realidad".

(Adaptado de **El País Semanal**)

11.8. Contesta verdadero o falso.

	verdadero	falso
1. La cirugía plástica se hace voluntariamente, para modificar una parte de nuestro cuerpo que no nos gusta.	☐	☐
2. En España se realizan casi tantas operaciones estéticas legales como ilegales.	☐	☐
3. Hoy en día no es necesario ser millonario para acceder a los servicios de un cirujano plástico.	☐	☐
4. El número de hombres que se somete a estas operaciones está creciendo en todo el mundo.	☐	☐
5. En la actualidad está totalmente demostrada la falta de riesgos de estas operaciones.	☐	☐
6. Hay personas que opinan que esta práctica es algo que algunos médicos hacen para enriquecerse.	☐	☐
7. Las feministas están de acuerdo en que estas operaciones son un símbolo de libertad para las mujeres.	☐	☐

11.9. Escribe los antónimos de las siguientes palabras y los sustantivos derivados de cada una de ellas como en el ejemplo.

ejemplo: reparar → destruir, destrozar   la reparación → la destrucción

Antónimos   Sustantivos

1. bello ....
2. aumentar ....
3. estirar ....
4. crecer ....
5. exponer ....
6. implantar ....

11.10. Completa ahora las siguientes frases con la palabra correcta tomada del ejercicio anterior, realizando los cambios que sean necesarios.

1. Las operaciones de pecho son de dos tipos: se realizan muchos .... pero también son frecuentes las ....
2. Muchos hombres piensan que la calvicie significa ...., que es algo antiestético, y por eso intentan .... este problema con implantes de pelo.
3. Las personas que se someten a .... faciales están totalmente convencidas de que las .... no son bellas.
4. El número de personas que voluntariamente se opera .... cada año en España, debido al deseo de aumentar la .... física.
5. En el pasado, las personas normalmente .... que se habían operado, aunque hoy en día este .... ya no es necesario.

11.11. Explica con tus propias palabras qué significa:

1. Defectos congénitos:
   ....
   ....

2. Cirugía reparadora:
   ....
   ....

3. El *boom* de la estética:
   ....
   ....

4. Sucumbir al bisturí:
   ....
   ....

5. La ansiedad del nuevo rico:
   ....
   ....

Unidad 12

12.1. Completa las frases con los pronombres y los verbos correctos.

1. A mi hermana (molestar) _____ muchísimo los ruidos de una construcción que hay al lado de su casa.
2. A mis padres (preocupar) _____ la actitud de mi hermano; antes tenía mucha energía y era muy activo, pero ahora nada (interesar) _____.
3. Mis amigos me han dicho que (encantar) _____ las películas de animación, así que, si no (molestar, a vosotros) _____ me voy con ellos esta tarde.
4. (Sorprender, a nosotros) _____ mucho los resultados de tus exámenes. Estudias muy poco y eso (decepcionar, a nosotros) _____ bastante.
5. ▷ ¿Qué es lo que más (gustar) _____ hacer en tu tiempo libre?
   ▶ Bueno, pues (gustar) _____, especialmente, estar con mis amigos. A nosotros (encantar) _____ hacer deporte y también ir a bailar de vez en cuando.
6. A la mayoría de los niños pequeños no (gustar) _____ nada ir al colegio por primera vez. A los padres también (preocupar) _____ mucho ese momento.
7. Ya sé que a vosotros dos no (interesar) _____ mis problemas, pero podríais ayudarme por una vez.

12.2. Completa las frases con uno de los verbos del recuadro en el tiempo correcto. No olvides escribir el pronombre.

> • indignar • encantar • preocupar • molestar
> gustar • sorprender • alegrar

1. Siempre (a mí) _____ muchísimo la falta de puntualidad de mis amigos.
2. ▷ Dicen que a vosotros, los hombres, nada _____ más que ver un partido de fútbol mientras tomáis una cervecita.
   ▶ ¿Ah, sí? Pues a mí me han dicho que a vosotras, las mujeres, _____ ir de compras con las amigas y comer chocolate.
3. Llegamos a España hace un mes. Antes de venir _____ un poco tener problemas con el idioma, pero la verdad es que entendemos todo perfectamente.
4. Ayer Luis se enfadó muchísimo. La verdad es que a todos nosotros _____ tanto su reacción, que no supimos qué hacer.
5. A todos los trabajadores _____ las falsas promesas de los políticos.
6. Cuando eras una niña muy pequeña _____ esperar a tus padres. Cada vez que llegaban a casa les recibías con una gran sonrisa.

12.3. Completa las siguientes frases con el verbo en la forma correcta.

1. Me molesta mucho que la gente (ir) _____ a la playa o al campo y no (recoger) _____ la basura que produce.
2. Me horroriza que, en Navidad, todo el mundo (volverse) _____ loco y (comprar) _____ compulsivamente.

3. Me encanta que mi novio me (sorprender) .... de vez en cuando y me (preparar) .... una cena romántica.

4. Me sorprende mucho que mi hermano (querer) .... comprar el vino y que (estar) .... dispuesto a organizar la fiesta.

5. Odio que nunca me (tocar) .... la lotería y que las tostadas siempre (caerse) .... por el lado de la mantequilla.

6. Me alegra mucho que vosotros (llevarse) .... tan bien y que (compartir) .... todas vuestras aficiones.

7. Me pone de mal humor que mis amigos no (contestar) .... cuando les envío un mensaje corto de móvil.

8. Me da igual que (nevar) ...., (llover) .... o (hacer) .... frío, mañana pienso ir a dar un paseo por la playa.

12.4. Completa las frases con el verbo en infinitivo o presente de subjuntivo, no olvides poner también "que" cuando sea necesario.

1. Me emociona (reaccionar, la gente) .... tan solidariamente cada vez que hay una catástrofe.

2. Me da pena (cambiar) .... de coche porque me encanta este modelo, pero ya tiene muchos kilómetros y está muy viejo.

3. No soporto (madrugar) .... porque me pone de muy mal humor (levantarme) .... justo cuando más a gusto estoy en la cama.

4. No quiero dejar a los niños solos mucho tiempo en casa porque me da miedo (tener, ellos) .... un accidente.

5. A los vecinos les molesta (jugar, los niños) .... al fútbol en el jardín porque estropean las plantas y rompen las ventanas.

6. Me da igual lo (pensar, tú) .... a mí me gusta mucho (escuchar) .... a Luis Miguel. Y ¿qué?

12.5. Completa el siguiente texto con los verbos en la forma adecuada.

Estamos hasta las narices de que nuestras palabras e ideas no (ser) .... escuchadas, y de que nadie nos (hacer) .... caso. Estamos hartos de que los "adultos" (decidir) .... por nosotros y nos (explicar) .... qué es lo que nos conviene y lo que no. Los jóvenes estamos hartos de que nos (tomar, ellos) .... el pelo y de que nos digan lo que es bueno y lo que es malo. Estamos hartos de que la gente nos (impedir) .... vivir la vida y aprender por nosotros mismos, aprender cometiendo nuestros propios errores.

Estamos hartos de que no nos (dar, ellos) .... toda la libertad de expresión y de elección que necesitamos. Estamos hartos de que no sea posible ser *políticamente incorrecto*. Estamos hartos de que (faltar) .... imaginación en la vida de todos los días. Queremos música, libertad, amor, movimiento, bohemia, poesía, creatividad, pasión... No queremos Wall Street, armas, ejércitos, políticos, pensamiento cerrado, multinacionales.

Estamos hartos de que en las radios (sonar) .... siempre las mismas canciones facilonas sin sentimiento, la misma música comercial de multinacionales. Estamos hartos de que los mismos tipos aburridos (aparecer) .... continuamente en la televisión. Estamos hartos de leer los mismos libros, revistas y periódicos sensacionalistas. Estamos hartos de las mismas películas aburridas para aburridos. Estamos hartos de que los políticos nos (mentir) .... y no (responsabilizarse) .... de sus errores.

¡Estamos hartos de que no nos (escuchar, ellos) ....!

(adaptado de www.spainview.com)

12.6. A continuación tienes algunos de los verbos que aparecen en el texto. Escribe los sustantivos derivados de dichos verbos.

1. decidir la decisión
2. explicar ....
3. imposibilitar ....
4. faltar ....
5. sonar ....
6. aparecer ....
7. mentir ....
8. responsabilizarse ....

12.7. Transforma las siguientes frases utilizando los sustantivos del ejercicio anterior. Realiza todos los cambios que sean necesarios.

Ejemplo → Estamos hartos de que los "adultos" decidan por nosotros y nos expliquen qué es lo que nos conviene y lo que no.

Estamos hartos de las decisiones de los adultos y de sus explicaciones sobre lo que nos conviene y lo que no.

1. Estamos hartos de que sea imposible ser políticamente incorrecto.
....

2. Estamos hartos de que falte imaginación en la vida de todos los días.
....

3. Estamos hartos de que en las radios suenen siempre las mismas canciones facilonas.
....

4. Estamos hartos de que los mismos tipos aburridos aparezcan siempre en la televisión.
....

5. Estamos hartos de que los políticos nos mientan y no se responsabilicen de sus errores.
....

12.8. Completa las siguientes frases con presente o pretérito perfecto de subjuntivo.

1. ¡Qué alegría volver a verte! Me hace muy feliz que (decidir, tú) .... venir a mi boda.

2. Estoy enfadada contigo. Me molesta que no (decirme, tú) .... la verdad sobre Alberto. Ahora ya no puedo arreglar las cosas con él.

3. Nos da mucha pena que la gente (regalar) .... perritos por Navidad y que luego, cuando quieren irse de vacaciones, (abandonarlos) .... en una carretera o en cualquier sitio.

4. A José María le da mucha rabia que su equipo (perder) .... siempre en los campeonatos importantes.

5. ¿Te sorprende que (aprobar, nosotros) .... el examen? ¡Pero si hemos estudiado muchísimo!

6. No soporto que (dejar, vosotros) .... la cocina siempre sucia y desordenada. A ver cuándo os dais cuenta de que en esta casa siempre limpio yo.

7. Me alegro de que tu novio te (pedir) .... por fin que te cases con él. ¡Ya era hora!

8. Me sorprende que Paco no (darse cuenta) .... de que le han robado la cartera. ¡Con lo cuidadoso que es!

9. Me encanta que me (escribir, vosotros) _____ para felicitarme por mi cumpleaños.

10. Me da mucha rabia que me (hacer, tú) _____ esperar siempre y que no te (importar) _____ que esté sola en la calle durante tanto tiempo.

11. ▷ ¡Qué raro que no (llegar) _____ todavía! Hace ya dos horas que salieron de casa. Me preocupa que les (pasar) _____ algo.

   ▶ Ay, qué pesada eres, me aburre que siempre (estar) _____ pensando en lo peor, relájate, seguramente se han entretenido por el camino.

12. A Julián le pone muy nervioso que le (llevar) _____ la contraria y siempre que hablamos de temas polémicos termina enfadándose con nosotros.

13. Me encanta que (terminar, nosotras) _____ el trabajo. Nos ha costado mucho, pero al final hemos conseguido llegar al final. ¡Felicidades, chicas!

14. Pues a mi me alegra que (tener, tú) _____ la idea de ir a celebrarlo a ese restaurante tan original y me da igual que nos (costar) _____ un ojo de la cara. Pienso disfrutar con el espectáculo.

12.9. Completa las siguientes frases utilizando infinitivos o la forma correcta del presente o del pretérito perfecto de subjuntivo. No olvides escribir "que" cuando sea necesario.

1. Me encanta (M.ª Luisa y José Javier, venir) _____ con los niños a pasar aquí el próximo fin de semana, pero me parece un poco raro (todavía no llamar) _____ para decirnos a qué hora llegan.

2. ¿Te importa (bajar, yo) _____ el volumen de la radio? Estoy intentando estudiar y ya sabes que no soporto (escuchar) _____ música mientras estudio, porque no puedo concentrarme.

3. ¡Qué lástima (no poder, tú) _____ ganar la competición de tenis de este año! De todas formas, como a ti te encanta (practicar) _____ este deporte, seguro que el año que viene ganarás.

4. ¿Os apetece (reunirse, nosotros) _____ esta noche para intentar solucionar el problema? Llamadme cuando ya (discutir, vosotros) _____ el tema y (tomar) _____ una decisión.

5. ¿Sabes que Laura y Alfredo van a celebrar su fiesta de aniversario? Han llamado a todos los amigos menos a mí. Me molesta muchísimo (no llamarme) _____ y (olvidarse, ellos) _____ de mí.

6. No me gusta nada (siempre, pensar) _____ en ti mismo antes que en los demás. A la mayoría de la gente le preocupa (sus amigos, sentirse) _____ bien pero a ti te da igual.

7. ¡Cómo me alegra (gustar, a ti) _____ los pimientos rellenos. Los he preparado de una manera diferente, aunque la verdad es que (cocinar) _____ me pone muy nerviosa.

8. ¿Os importa (ir, nosotros) _____ a ver otra película? Ya sabéis que a Juan le pone de los nervios (ver, él) _____ películas románticas.

12.10. Completa el texto utilizando los verbos del recuadro en infinitivo, presente o pretérito perfecto de subjuntivo.

> • tener • tratar • ser • leer • morir • realizar •
> conocer • regalar • estudiar

¡Jamás lo habría creído! Me encanta _____ las aventuras de Harry Potter; me gusta el castillo y me encanta que Harry y sus amigos _____ trucos de magia.

Bueno, en realidad, lo único que no me gusta de Harry Potter es Harry Potter, porque es un enchufado en el colegio. No soporto que los profesores y el director le _____ de una manera especial y que, además, su profe le _____ una Nimbus 2000. Es cierto que tiene muchos problemas en casa porque a su familia le molesta que él _____ el mago más famoso de todos los tiempos. Además, sus tíos odian que Harry _____ en un colegio para magos y que _____ a gente tan extraña. Por otro lado, siento mucho que los padres de Harry _____, y que él no _____ más suerte con su familia.

12.11. Lee el siguiente texto.

Juguetes sexistas, más que un juego de niños

Poner atención al tipo de regalos que obsequiamos a nuestros hijos es mucho más que una señal de fanatismo educativo. Además de ser una experiencia lúdica, con los juguetes, los niños aprenden a relacionarse, y a entenderse a sí mismos dentro del mundo que les rodea.

Pablo tiene apenas tres años de edad y ya sabe que hay ciertos juguetes que simplemente no son para él: "las muñecas las usan las niñas" –dice explicando por qué jamás a sus padres se les ocurriría regalarle una muñeca Barbie. Él prefiere los *skate*, los *scooter* y los, aparentemente fascinantes, "Max Steel", unos muñecos musculosos de resistente plástico y aspecto viril, que pelean como los mejores gladiadores de la televisión. La hermana del pequeño –Laura, de 10 años– confirma que "cómo se te ocurre que le van a regalar una muñeca", aunque también nos cuenta que a veces ambos cocinan y sirven el té imaginario.

Para Svenka Arensburg, Coordinadora Ejecutiva de la Corporación La Morada, los juguetes son los "primeros elementos de una configuración simbólica de la cultura". Y, claramente, Pablo –al igual que todos los niños– va construyendo su conducta a partir de múltiples mensajes, como la propia influencia de su hermana mayor.

Especialmente en la época navideña, la gran mayoría de estos "mensajes" viene desde el consumo y se concentra, casi exclusivamente, en la publicidad de juguetes muchas veces bélicos y sexistas. "Los juguetes operan como objetos transicionales entre la madre y el hijo" – explica la profesional–. Así, advierte Arensburg, hablar de juguetes sexistas o bélicos no es una simple cuestión feminista sino, más bien, una alerta en la forma de transmitir el mundo a nuestros hijos. Por eso, regalar juguetes está lejos de ser un juego de niños.

Ciertamente el panorama es más alentador que hace 20 años, pero aún abundan las rosadas muñecas que se hacen caca, pipí y lloran desaforadamente. Limpiar, mudar y hacer callar al recién nacido de plástico, será el desafío lúdico más importante para la niña que, en el futuro, será mamá en la vida real. Mientras tanto, los chicos serán público exclusivo para disfrutar de aviones, tanques y todo tipo de juguetes rudos y masculinos.

"Los medios de comunicación contribuyen a construir esta realidad" –denuncia Arensburg. Para ella, la cuestión es cómo se aprende qué es ser mujer y qué es ser hombre; y aunque explica que no se puede responsabilizar del todo a quienes hacen los regalos, aconseja que la clave es poner en un primer plano el deseo y los intereses de los niños. Ciertamente, los juegos de indios y vaqueros hoy se trasladan a la pantalla y, aparentemente, el sexismo va quedando relegado. Y aunque Arensburg reconoce una flexibilización en el tema, enfatiza que "no estamos resolviendo el problema, porque en los juegos de rol o en los video juegos, se están reeditando formas de sexismo que creíamos superadas".

Para Arensburg, no se trata de forzar conductas obsequiando regalos que, simplemente, no serán del interés del niño. "El tema es no tener miedo o prejuicios" –advierte. Para la profesional, si un niñito quiere una cocina, los adultos no deben reaccionar pensando que, si le compran la cocina, están contribuyendo a formar un homosexual. Por lo demás, advierte, los niños serán influenciados por las exigencias del mercado. "Y el mercado cambia de un día para otro" –dice– y aconseja que, en este proceso, los adultos deben orientar al pequeño sin aumentar la potente estimulación publicitaria.

(adaptado de www.mujereschile.cl)

12.12. Contesta si la información es verdadera o falsa.

	verdadero	falso
1. Con los juguetes, los niños aprenden exclusivamente a disfrutar de su tiempo libre.	☐	☐
2. La hermana de Pablo está de acuerdo en que las muñecas son juguetes para niñas.	☐	☐
3. Los juguetes ayudan a transmitir a los niños los valores culturales de la sociedad en la que viven.	☐	☐
4. La educación de los niños está muy influenciada por la abundancia de mensajes publicitarios.	☐	☐
5. Hoy en día, cada vez hay menos juguetes que preparen a las niñas para la maternidad como misión principal en el futuro.	☐	☐
6. Los padres deben seleccionar los juguetes para crear con ellos la personalidad que desean para sus hijos.	☐	☐
7. Los padres deben responsabilizarse de la manera en que los niños reciben la información publicitaria.	☐	☐

12.13. Explica con tus propias palabras qué significa:

1. Fanatismo educativo:
   ....
   ....

2. Juguetes bélicos:
   ....
   ....

3. Juguetes sexistas:
   ....
   ....

4. Comprar juguetes no es un juego de niños:
   ....
   ....

5. Exigencias del mercado:
   ....
   ....

APÉNDICE GRAMATICAL

Unidad 1

1. Presente

A. Verbos con irregularidades vocálicas

	e > ie sentirse	o > ue dormir	e > i vestirse	u > ue jugar
Yo	me siento	duermo	me visto	juego
Tú	te sientes	duermes	te vistes	juegas
Él/ella/usted	se siente	duerme	se viste	juega
Nosotros/as	nos sentimos	dormimos	nos vestimos	jugamos
Vosotros/as	os sentís	dormís	os vestís	jugáis
Ellos/ellas/ustedes	se sienten	duermen	se visten	juegan

e > ie: empezar, mentir, entender, perder, querer, pensar...

o > ue: encontrar, contar, almorzar, volver...

e > i: elegir, seguir, pedir, servir, freír...

B. Verbos que solo son irregulares en la primera persona

Saber: **sé**, sabes, sabe, sabemos, sabéis, saben.
Poner: **pongo**, pones, pone, ponemos, ponéis, ponen.
Hacer: **hago**, haces, hace, hacemos, hacéis, hacen.
Dar: **doy**, das, da, damos, dais, dan.
Salir: **salgo**, sales, sale, salimos, salís, salen.
Traer: **traigo**, traes, trae, traemos, traéis, traen.

C. Verbos con irregularidad consonántica

Todos los verbos terminados en **–ecer** o **–ucir** son irregulares en la primera persona:

Crecer: yo **crezco**, tú creces, él crece, nosotros crecemos, vosotros crecéis, ellos crecen.

Traducir: yo **traduzco**, tú traduces, él traduce, nosotros traducimos, vosotros traducís, ellos traducen.

Otros verbos: conocer, parecer, conducir...

D. Verbos con más de una irregularidad

	decir	tener	venir	oír
Yo	digo	tengo	vengo	oigo
Tú	dices	tienes	vienes	oyes
Él/ella/usted	dice	tiene	viene	oye
Nosotros/as	decimos	tenemos	venimos	oímos
Vosotros/as	decís	tenéis	venís	oís
Ellos/ellas/ustedes	dicen	tienen	vienen	oyen

E. Verbos totalmente irregulares

	ser	ir
Yo	soy	voy
Tú	eres	vas
Él/ella/usted	es	va
Nosotros/as	somos	vamos
Vosotros/as	sois	vais
Ellos/ellas/ustedes	son	van

F. Verbos con cambio i > y

	construir	destruir
Yo	construyo	destruyo
Tú	construyes	destruyes
Él/ella/usted	construye	destruye
Nosotros/as	construimos	destruimos
Vosotros/as	construís	destruís
Ellos/ellas/ustedes	construyen	destruyen

2. Pretérito perfecto

Se construye con el presente del verbo auxiliar haber, más el participio de los verbos.

	Presente verbo haber	Participio de los verbos con –ar	Participio de los verbos con –er, –ir
Yo	he		
Tú	has		
Él/ella/usted	ha	hablado	comido
Nosotros/as	hemos		vivido
Vosotros/as	habéis		
Ellos/ellas/ustedes	han		

Participios irregulares

poner → puesto	hacer → hecho	escribir → escrito	descubrir → descubierto
volver → vuelto	decir → dicho	abrir → abierto	componer → compuesto
morir → muerto	romper → roto	ver → visto	deshacer → deshecho

3. Pretérito indefinido

Verbos regulares

	Verbos con –ar	Verbos con –er, –ir
Yo	viaj**é**	entend**í**
Tú	viaj**aste**	entend**iste**
Él/ella/usted	viaj**ó**	entend**ió**
Nosotros/as	viaj**amos**	entend**imos**
Vosotros/as	viaj**asteis**	entend**isteis**
Ellos/ellas/ustedes	viaj**aron**	entend**ieron**

Verbos irregulares

estar	tener	poder	poner	saber	decir	traer
estuve	tuve	pude	puse	supe	dije	traje
estuviste	tuviste	pudiste	pusiste	supiste	dijiste	trajiste
estuvo	tuvo	pudo	puso	supo	dijo	trajo
estuvimos	tuvimos	pudimos	pusimos	supimos	dijimos	trajimos
estuvisteis	tuvisteis	pudisteis	pusisteis	supisteis	dijisteis	trajisteis
estuvieron	tuvieron	pudieron	pusieron	supieron	dijeron	trajeron

ser/ir	hacer	venir	querer	dar
fui	hice	vine	quise	di
fuiste	hiciste	viniste	quisiste	diste
fue	hizo	vino	quiso	dio
fuimos	hicimos	vinimos	quisimos	dimos
fuisteis	hicisteis	vinisteis	quisisteis	disteis
fueron	hicieron	vinieron	quisieron	dieron

4. Pretérito imperfecto

Verbos regulares

	Verbos con –ar	Verbos con –er, -ir
Yo	viajaba	entendía
Tú	viajabas	entendías
Él/ella/usted	viajaba	entendía
Nosotros/as	viajábamos	entendíamos
Vosotros/as	viajabais	entendíais
Ellos/ellas/ustedes	viajaban	entendían

Verbos irregulares

ser	ir	ver
era	iba	veía
eras	ibas	veías
era	iba	veía
éramos	íbamos	veíamos
erais	ibais	veíais
eran	iban	veían

El **pretérito perfecto** y el pretérito indefinido son tiempos que nos informan de acciones acabadas en el pasado. Cuando usamos el pretérito perfecto nos referimos a una acción acabada en un tiempo no terminado (hoy, esta mañana, en mi vida, etc.). Es además el tiempo que empleamos cuando queremos transmitir una información intemporal, por ejemplo "he estado en París".

Con el **pretérito indefinido** nos referimos a acciones acabadas en un tiempo también terminado (ayer, el año pasado, en 1999, etc.). Con este tiempo nos referimos además a acciones no habituales en el pasado.

El **pretérito imperfecto** es el tiempo que empleamos para hacer una descripción en el pasado y para referirnos a acciones habituales en el pasado. Este tiempo no tiene unos "límites" temporales, es decir, es posible hacer una descripción dentro de un tiempo no terminado y también referida a un tiempo terminado.

5. Condicional

Verbos regulares: se construye tomando el infinitivo del verbo más las siguientes terminaciones, que son iguales para los verbos con –ar, -er, -ir:

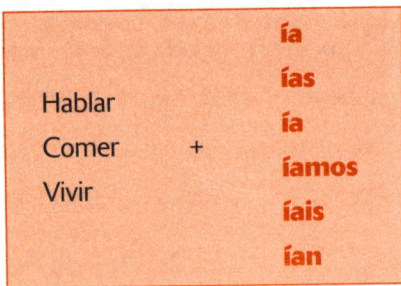

Hablar		ía
Comer	+	ías
Vivir		ía
		íamos
		íais
		ían

Verbos irregulares: usamos las mismas terminaciones, aunque cambia la raíz del verbo.

Verbos irregulares

poner → **pondría**	querer → **querría**	caber → **cabría**	valer → **valdría**
tener → **tendría**	hacer → **haría**	saber → **sabría**	poder → **podría**
venir → **vendría**	salir → **saldría**	haber → **habría**	decir → **diría**

Utilizamos el condicional para dar consejos o hacer recomendaciones. Para ello es posible usar las siguientes fórmulas: **yo que tú + condicional, yo en tu lugar + condicional**. Usamos además las perífrasis de obligación en condicional: **tendrías que + infinitivo, deberías + infinitivo, habría que + infinitivo.**

Unidad 2

1. Pretérito pluscuamperfecto

El pretérito pluscuamperfecto se forma con el pretérito imperfecto del verbo *haber*, más el participio de los verbos:

Yo	había		
Tú	habías		trabajado
Él/ella/usted	había	+	entendido
Nosotros/as	habíamos		vivido
Vosotros/as	habíais		
Ellos/ellas/ustedes	habían		

Las formas del participio de algunos verbos son irregulares:

morir → muerto	escribir → escrito
hacer → hecho	ver → visto
abrir → abierto	romper → roto
volver → vuelto	decir → dicho
descubrir → descubierto	poner → puesto

El pretérito pluscuamperfecto se usa en español principalmente para referirnos a acciones pasadas anteriores a otra acción también pasada, y puede aparecer combinado con cualquiera de los otros tiempos del pasado.

— *Esta mañana he visitado el museo, pero ya había estado antes.*
— *Ayer fui al cine, aunque ya había visto todas las películas.*
— *No sabía que habían salido tan pronto.*

El pretérito pluscuamperfecto puede usarse también en combinación con otros tiempos que se refieren al presente:

— *Estoy leyendo un libro que ya había leído.*
— *Ahora vivo en España, pero ya había vivido aquí hace unos años.*

Con este tiempo nos referimos también a acciones que realizamos por primera vez en el momento en que hablamos:

— *¡Nunca había disfrutado tanto!*
— *Nunca en mi vida había tenido tantos problemas.*

En ocasiones, especialmente cuando hablamos, es posible sustituir el pretérito pluscuamperfecto por el pretérito indefinido. Esto solo puede hacerse cuando la referencia a un pasado anterior está muy clara gracias a los marcadores temporales o al contexto.

— *Ahora vivo en España, pero había vivido aquí hace unos años.*
— *Ahora vivo en España, pero viví aquí hace unos años.*

2. Conectores de discurso

Los conectores son palabras que sirven para conectar frases. Hay muchos tipos de conectores:

1. De consecuencia

Introducen la consecuencia haciendo énfasis en la relación causa-efecto: **por eso, por tanto, por esta razón por este motivo.**

Estos conectores son equivalentes, se diferencian en el registro de uso, ya que los dos últimos tienen mayor grado de formalidad.

2. De causa

Porque. Es el conector más frecuente y neutro. Siempre se coloca en medio de las frases e introduce la causa de una acción. Las informaciones unidas con este conector causal se presentan como informaciones nuevas y tienen la misma importancia.

— *Esta semana no he ido a trabajar **porque** estaba enfermo.*

Como. Va colocado al principio y presenta la situación previa que explica la información que da después, es decir, la causa es una información que se presenta como conocida y tiene una importancia secundaria.

— ***Como** estaba enfermo, no he ido a trabajar esta semana.*

Es que. Presenta la causa como una justificación. Es un conector propio de la lengua coloquial y pocas veces aparece aislado sino más frecuentemente en la respuesta a una pregunta:

▷ *¿Por qué llegas tarde?*
▶ *Lo siento, **es que** he perdido el autobús.*

3. Ideas contrarias

Introducen ideas casi contrarias. Sin embargo se emplea en registros más formales:

— **Pero:** *Me voy a la cama pero no tengo sueño.*
— **Sin embargo:** *La empresa realizó un gran esfuerzo, sin embargo no alcanzó los objetivos previstos.*

4. Organizativos

Sirven para organizar las ideas en un texto.

Por un lado... por otro (lado)...

Primeramente/en primer lugar...

En segundo lugar...

Finalmente/al final...

— *Por un lado me parece muy interesante tu propuesta pero por otro lado introduciría algunos cambios.*

5. Temporales

Cuando. Es la forma más neutra y presenta un suceso como contemporáneo a otro:

— *Cuando estudiaba en la universidad tenía muchos amigos.*

Mientras. Presenta un acontecimiento como contemporáneo a otro:

— *Mientras subía en el ascensor, sonó el teléfono.*

Al mismo tiempo introduce dos acciones simultáneas:

— *Estaba estudiando en la universidad y al mismo tiempo trabajaba de camarero.*

Antes de: presenta una acción o acontecimiento como anterior a otro.

Después de: presenta una acción o acontecimiento como posterior a otro.

Estos dos conectores pueden ir seguidos de un sustantivo o de un verbo en infinitivo:

— *Después de la boda se fueron de viaje al Caribe.*
— *Antes de comer me lavo las manos.*
— *Ayer fui a la playa después de hacer los deberes.*

Al cabo de + cantidad de tiempo.

Cantidad de tiempo + **después.**

Al cabo de y **después** se usan para informar del tiempo que pasa entre dos acontecimientos que pertenecen al pasado:

— *Terminé mis estudios en junio y al cabo de tres meses encontré trabajo.*
— *Tres meses después de terminar mis estudios encontré trabajo.*

Unidad 3

1. Imperativo verbos regulares

	Verbos con –ar		Verbos con –er		Verbos con -ir	
	afirmativo	negativo	afirmativo	negativo	afirmativo	negativo
Tú	canta	no cantes	bebe	no bebas	abre	no abras
Usted	cante	no cante	beba	no beba	abra	no abra
Vosotros	cantad	no cantéis	bebed	no bebáis	abrid	no abráis
Ustedes	canten	no canten	beban	no beban	abran	no abran

2. Imperativo verbos reflexivos

El pronombre de los verbos reflexivos en imperativo afirmativo aparece detrás del verbo, formando con él una sola palabra. Además la "d" de la segunda persona del plural desaparece. En el caso del imperativo negativo, los pronombres aparecen delante del verbo, formando dos palabras separadas.

Tú	dúchate	no te duches
Usted	dúchese	no se duche
Vosotros	duchaos	no os duchéis
Ustedes	dúchense	no se duchen

> El verbo "irse" en la segunda persona del plural es una excepción. Gramaticalmente la forma correcta es "idos". Sin embargo, la forma característica del lenguaje oral es "iros".

3. Imperativo verbos irregulares

Los verbos con cambios vocálicos e > ie, o > ue, conservan su irregularidad en el imperativo.

Tú	piensa	no pienses	cuenta	no cuentes
Usted	piense	no piense	cuente	no cuente
Vosotros	pensad	no penséis	contad	no contéis
Ustedes	piensen	no piensen	cuenten	no cuenten

Los verbos con cambio vocálico e > i mantienen la irregularidad en todas las personas del imperativo negativo.

Tú	sirve	no sirvas
Usted	sirva	no sirva
Vosotros	servid	no sirváis
Ustedes	sirvan	no sirvan

En el caso de los verbos "dormir" y "morir", la vocal "o" cambia a "u" en la segunda persona del plural del imperativo negativo:

Tú	duerme	no duermas
Usted	duerma	no duerma
Vosotros	dormid	no durmáis
Ustedes	duerman	no duerman

4. Otros imperativos irregulares

	Conducir			Estar	
	afirmativo	negativo		afirmativo	negativo
Tú	conduce	no conduzcas	Tú	está	no estés
Usted	conduzca	no conduzca	Usted	esté	no esté
Vosotros	conducid	no conduzcáis	Vosotros	estad	no estéis
Ustedes	conduzcan	no conduzcan	Ustedes	estén	no estén

	Hacer			Ir	
	afirmativo	negativo		afirmativo	negativo
Tú	haz	no hagas	Tú	ve	no vayas
Usted	haga	no haga	Usted	vaya	no vaya
Vosotros	haced	no hagáis	Vosotros	id	no vayáis
Ustedes	hagan	no hagan	Ustedes	vayan	no vayan

	Poner			Salir	
	afirmativo	negativo		afirmativo	negativo
Tú	pon	no pongas	Tú	sal	no salgas
Usted	ponga	no ponga	Usted	salga	no salga
Vosotros	poned	no pongáis	Vosotros	salid	no salgáis
Ustedes	pongan	no pongan	Ustedes	salgan	no salgan

	Ser			Tener	
	afirmativo	negativo		afirmativo	negativo
Tú	sé	no seas	Tú	ten	no tengas
Usted	sea	no sea	Usted	tenga	no tenga
Vosotros	sed	no seáis	Vosotros	tened	no tengáis
Ustedes	sean	no sean	Ustedes	tengan	no tengan

	Venir		Decir		Oír	
	afirmativo	negativo	afirmativo	negativo	afirmativo	negativo
Tú	ven	no vengas	di	no digas	oye	no oigas
Usted	venga	no venga	diga	no diga	oiga	no oiga
Vosotros	venid	no vengáis	decid	no digáis	oíd	no oigáis
Ustedes	vengan	no vengan	digan	no digan	oigan	no oigan

Existen además algunos verbos que son regulares, pero que tienen un cambio ortográfico:

Verbos que terminan en –car

Tocar	afirmativo	negativo
Tú	toca	no to**ques**
Usted	to**que**	no to**que**
Vosotros	tocad	no to**quéis**
Ustedes	to**quen**	no to**quen**

Verbos que terminan en –gar

Pagar	afirmativo	negativo
Tú	paga	no pa**gues**
Usted	pa**gue**	no pa**gue**
Vosotros	pagad	no pa**guéis**
Ustedes	pa**guen**	no pa**gue**

- Usamos el imperativo para expresar órdenes, consejos o recomendaciones y dar instrucciones:

    Orden: —Levántate ahora mismo!   Consejo: —Habla con él.
    Instrucciones: Introduzca su contraseña.

- En ocasiones el imperativo puede resultar demasiado brusco, y por ello, los hablantes usamos otras formas más corteses:

    Orden: —¿Te importa levantarte?   Consejo: —Deberías hablar con él.

- Es muy habitual usar el imperativo acompañado de pronombres personales. Cuando el verbo en imperativo aparece acompañado de un pronombre de objeto directo (O.D.), el pronombre se coloca detrás formando una sola palabra en su forma afirmativa, y delante en forma negativa:

    Termina <u>la comida</u>. ➡ termína<u>la</u>. ; no <u>la</u> termines.
          O.D.   O.D.   O.D.

    Sucede lo mismo con los pronombres de objeto indirecto (O.I.):

    Pregunta <u>al profesor</u>. ➡ pregúnta<u>le</u>. ; no <u>le</u> preguntes.
            O.I.   O.I.   O.I.

- Cuando un verbo en imperativo aparece acompañado de los dos pronombres, el orden de los pronombres aparece invertido; primero el O.I. y después el O.D. Si además el O.I es la tercera persona "le" o "les", se sustituye por "se".

    Explica <u>la lección</u> <u>a mí</u>. ➡ explíca<u>me</u><u>la</u>. ; no <u>me</u> <u>la</u> expliques.
            O.D.   O.I.   O.I. O.D.   O.I. O.D.

    Da <u>el caramelo</u> <u>al niño</u>. ➡ dá<u>se</u><u>lo</u>. ; no <u>se</u> <u>lo</u> des.
         O.D.   O.I.   O.I. O.D.   O.D. O.I.

Unidad 4

1. Presente de subjuntivo. Verbos regulares

En presente de subjuntivo, los verbos terminados en –ar se forman con la terminación –e, y los verbos que terminan en –er o –ir se forman con la terminación –a.

	Trabajar	Comprender	Asistir
Yo	trabaj**e**	comprend**a**	asist**a**
Tú	trabaj**es**	comprend**as**	asist**as**
Él/ella/usted	trabaj**e**	comprend**a**	asist**a**
Nosotros/as	trabaj**emos**	comprend**amos**	asist**amos**
Vosotros/as	trabaj**éis**	comprend**áis**	asist**áis**
Ellos/ellas/ustedes	trabaj**en**	comprend**an**	asist**an**

2. Presente de subjuntivo. Verbos irregulares

– **Verbos con irregularidad vocálica**: los verbos con irregularidad vocálica en presente de indicativo, conservan dicha irregularidad en el presente de subjuntivo.

	e > ie	o > ue	e > i	u > ue
Yo	entienda	encuentre	vista	juegue
Tú	entiendas	encuentres	vistas	juegues
Él/ella/usted	entienda	encuentre	vista	juegue
Nosotros/as	entendamos	encontremos	vistamos	juguemos
Vosotros/as	entendáis	encontréis	vistáis	juguéis
Ellos/ellas/ustedes	entiendan	encuentren	vistan	jueguen

Los verbos **dormir** y **morir** conservan su irregularidad en todas las personas del presente de subjuntivo:

Yo	duerma	muera
Tú	duermas	mueras
Él/ella/usted	duerma	muera
Nosotros/as	durmamos	muramos
Vosotros/as	durmáis	muráis
Ellos/ellas/ustedes	duerman	mueran

– **Verbos con irregularidad consonántica**: los verbos que son irregulares en la primera persona del singular del presente de indicativo, mantienen dicha irregularidad en todas las personas del subjuntivo.

salgo → salga	hago → haga	vengo → venga	tengo → tenga
salgas	hagas	vengas	tengas
salga	haga	venga	tenga
salgamos	hagamos	vengamos	tengamos
salgáis	hagáis	vengáis	tengáis
salgan	hagan	vengan	tengan

traigo → traiga	digo → diga	conozco → conozca	destruyo → destruya
traigas	digas	conozcas	destruyas
traiga	diga	conozca	destruya
traigamos	digamos	conozcamos	destruyamos
traigáis	digáis	conozcáis	destruyáis
traigan	digan	conozcan	destruyan

oigo → oiga	pongo → ponga	valgo → valga
oigas	pongas	valgas
oiga	ponga	valga
oigamos	pongamos	valgamos
oigáis	pongáis	valgáis
oigan	pongan	valgan

– **Otros verbos irregulares**

	ir	ser	estar	saber
Yo	vaya	sea	esté	sepa
Tú	vayas	seas	estés	sepas
Él/ella/usted	vaya	sea	esté	sepa
Nosotros/as	vayamos	seamos	estemos	sepamos
Vosotros/as	vayáis	seáis	estéis	sepáis
Ellos/ellas/ustedes	vayan	sean	estén	sepan

	ver	haber	dar
Yo	vea	haya	dé
Tú	veas	hayas	des
Él/ella/usted	vea	haya	dé
Nosotros/as	veamos	hayamos	demos
Vosotros/as	veáis	hayáis	deis
Ellos/ellas/ustedes	vean	hayan	den

3. Usos del subjuntivo

1. Expresar deseos: en español podemos expresar un deseo usando la siguiente estructura:

   > desear / querer / necesitar / preferir / esperar   +   infinitivo

   En este caso, las oraciones tienen un único sujeto:
   - (Yo) *quiero comprar un coche nuevo.*
   - (Nosotros) *esperamos ir de vacaciones muy pronto.*
   - (Vosotros) *necesitáis estudiar más.*

2. En ocasiones queremos expresar un deseo hacia otras personas. En este caso usamos la estructura:

   > desear / querer / necesitar / preferir / esperar   +   que   +   subjuntivo

   El segundo verbo aparece obligatoriamente en subjuntivo:
   - (Yo) quiero que (tú) *compres un coche nuevo.*
   - (Nosotros) esperamos que (ellos) *vayan pronto de vacaciones.*
   - (Vosotros) necesitáis que (yo) *estudie más.*

3. El presente de subjuntivo, además de su valor como presente, sirve en español para expresar una idea de futuro:
   - *Espero que mañana vengas a mi fiesta.*
   - *Preferimos que vosotros compréis las entradas esta tarde.*

4. Con el subjuntivo no expresamos únicamente un deseo; también es posible dar órdenes, consejos o recomendaciones, peticiones, y conceder o negar permiso. Los verbos que podemos usar en este caso son *ordenar, mandar, aconsejar, recomendar, pedir, permitir, prohibir,* etc.

   Tienen la misma regla que los verbos de deseo: cuando solo hay un sujeto, el segundo verbo aparece en infinitivo pero si tenemos dos sujetos diferentes, el segundo verbo aparece en subjuntivo:
   - *Mi madre me ha ordenado que limpie mi habitación todos los días.*
   - *Te aconsejo que te levantes un poco antes para no llegar siempre tarde.*
   - *Les recomiendo que prueben el salmón.*
   - *Ellos nos han pedido que les expliquemos el uso del subjuntivo.*
   - *Mis padres no me permiten que llegue a casa más tarde de la una.*
   - *Los médicos me han prohibido que coma chocolate.*

Unidad 5

1. Morfología verbal

Futuro Imperfecto		Futuro Perfecto		Condicional	
Verbo infinitivo +	é	HABER + PARTICIPIO		Verbo infinitivo +	ía
	as	Habré			ías
-AR	á	Habrás	-ado	-AR	ía
-ER	emos	Habrá	+	-ER	íamos
-IR	éis	Habremos	-ido	-IR	íais
	án	Habréis			ían
		Habrán			

2. Usos del futuro imperfecto

1. Para hacer hipótesis (cosas que suponemos) en un tiempo presente:
   ▷ ¿Sabes dónde **está** Ana M.ª?, la **estoy llamando** al despacho y no responde.
   ▶ No sé, **estará** comiendo, es su hora de descanso.

2. Para hablar de un tiempo futuro con marcadores como **mañana, el año próximo, dentro de dos días**, etc. (cuando no se trata de planes, sino de intenciones).
   — El próximo año **iremos** de vacaciones a Australia.

3. Para hacer predicciones (horóscopo, tiempo,...):
   — Hoy **tendrá** un día fantástico, **conocerá** al amor de su vida.
   — Mañana **lloverá** en zonas de la Cornisa Cantábrica y **hará** sol el resto de la Península.

3. Usos del futuro perfecto

1. Lo usamos para hablar de acciones futuras que estarán terminadas en el momento futuro del que hablamos:
   — Mañana a las once ya **habré terminado** el examen de literatura.
   — A final de mes Juan y María **habrán recorrido** toda Europa.

2. También lo usamos para formular hipótesis (cosas que suponemos) sobre un tiempo pasado, pero reciente. En este caso se relaciona con el pretérito perfecto de indicativo:
   ▷ Esta mañana **he llamado** a M.ª Luisa, pero no estaba en su casa.
   ▶ Pues no sé, **habrá ido** a visitar a su madre, está enferma.

4. Usos del condicional simple

1. Dar consejos:

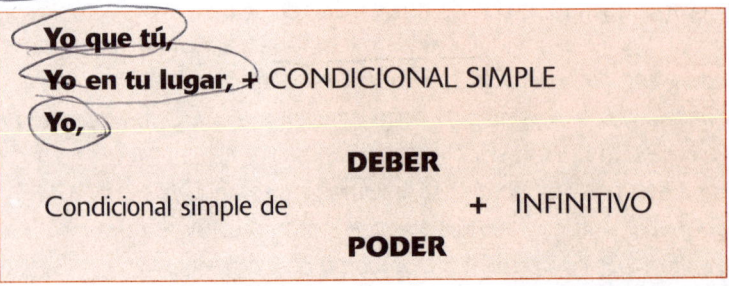

— Yo que tú **estudiaría** más.

— **Deberías estudiar** más si quieres aprobar el examen.

2. Expresar cortesía:

   ▷ Hola, buenos días, ¿en qué puedo ayudarle?

   ▶ Buenos días. **Querría** información sobre Sitges.

3. Para formular hipótesis (cosas que suponemos) en un tiempo pasado. Es este caso tiene relación con los pretéritos imperfecto e indefinido:

   ▷ ¿Sabes a qué hora **llegó** ayer María Luisa?

   ▶ Pues no sé, **llegaría** sobre las tres de la tarde porque cogió el tren de las dos.

   ▷ ¿Sabes qué le **pasaba** ayer a Luis Miguel? **Estaba** muy raro.

   ▶ Pues no lo sé, supongo que le **dolería** la cabeza.

4. Para expresar deseos (con valor de futuro):

   — **Desearía** comprarme un coche nuevo.

   — **Me gustaría** ir de vacaciones a Tailandia.

5. Para lamentarnos por algo que ha pasado en el pasado y que podíamos haber evitado, pero ahora es demasiado tarde.

   > ¡**Por qué** + condicional simple!
   >
   > Imperfecto de **TENER que** + Infinitivo compuesto
   >
   > **Eso me/te/le... PASA por** + Infinitivo compuesto

   — ¡Por qué no **estudiaría** más para el examen!

   — **Tenía que haber estudiado** más para el examen.

   — **Eso me pasa por no haber estudiado** más para el examen.

5. Formular hipótesis

Las hipótesis (cosas que suponemos) las podemos formular en:

Tiempo pasado	Tiempo pasado (reciente)	Tiempo presente
— ¿Sabes a qué hora **llegó** ayer M.ª Luisa?	— ¿Sabes a qué hora **ha llegado** hoy M.ª Luisa?	— ¿Sabes dónde **está** Ana M.ª?, la **estoy llamando** al despacho y no responde.
— Pues no sé, **llegaría** sobre las tres de la tarde porque cogió el tren de las dos.	— Pues no sé, **habrá llegado** sobre las tres de la tarde porque cogió el tren de las dos.	— No sé, **estará** comiendo, es su hora de descanso.

Para expresar la probabilidad, además de los tiempos verbales, podemos utilizar los siguientes marcadores:

PROBABILIDAD ALTA	PROBABILIDAD MEDIA	PROBABILIDAD BAJA
Creo que	Supongo que	Quizá(s)
Me parece que	Me imagino que	A lo mejor
Seguro que	Sí, seguramente	+
+	+	indicativo
indicativo	indicativo	

— Creo que M.ª Teresa viene a la fiesta.

— Quizás viene M.ª Teresa a la fiesta.

Unidad 6

1. Probabilidad con subjuntivo

En la unidad anterior hemos visto cómo podemos expresar la probabilidad con diferentes tiempos verbales (condicional simple, futuro perfecto y futuro imperfecto) y con expresiones como:

Creo que / Me imagino que / Quizá / A lo mejor / Lo mismo / Igual / Etc. + indicativo

Pero también podemos expresar la probabilidad con adverbios y locuciones adverbiales seguidas de **indicativo** o **subjuntivo,** dependiendo del grado de seguridad:

Puede (ser) / Es posible / Es probable + que + subjuntivo

— **Puede que** hoy Maribel no **venga** a trabajar porque ayer estaba enferma.

— **Es probable que** Felipe no **viaje** este verano a Portugal con nosotros, tiene mucho trabajo.

Quizá(s) / Tal vez / Posiblemente / Probablemente + indicativo / subjuntivo

En estos casos se construye en indicativo o subjuntivo dependiendo del grado de seguridad que queremos transmitir (más seguridad con indicativo).

En la lengua coloquial es más usual utilizar **quizá(s) +** subjuntivo:

▷ ¿Qué haces este fin de semana?

▶ Aún no sé, pero **quizás VAYA** con Juan y M.ª Teresa a la fiesta de Pablo.

▷ Pedro, ¿y tú irás a la fiesta de Pablo?

▶ Pues no sé, **tal vez VOY**, si salgo pronto de trabajar.

2. Pronombres y adjetivos indefinidos

Pronombres indefinidos invariables

	Personas	Cosas
Existencia	alguien	algo
No existencia	nadie	nada

▷ ¿Esta mañana me ha llamado **alguien**?

▶ No, no te ha llamado **nadie.**

▷ Pablo, ¿quieres tomar **algo**, una cerveza, un vino...?

▶ No gracias, no quiero **nada** ahora, acabo de tomar un refresco.

Pronombres indefinidos variables
(Para referirnos tanto a personas como cosas)

	Singular	Plural
Existencia	alguno, –a	algunos, –as
No existencia	ninguno, –a	

Adjetivos indefinidos
(Para referirnos tanto a personas como cosas)

	Singular	Plural
Existencia	**algún, –a**	**algunos, –as**
No existencia	**ningún, –a**	

▷ Buenos días, ¿tiene **alguna** revista fotográfica?
▶ Sí, tenemos **algunas** en la estantería del fondo.
▷ ¿Has comprado la revista que te he pedido?
▶ No he comprado **ninguna** porque eran muy caras.

Unidad 7

1. Expresiones de valoración con infinitivo

Ser		adjetivo		
	+	sustantivo	+	infinitivo
Parecer		adverbio		

Esta estructura la utilizamos cuando la valoración:
— se refiere a las acciones realizadas por el mismo sujeto que las expresa.
— se formula de forma general o sin referencia a una persona concreta.

Es { *una tontería* / *fantástico* / *bueno* }
- **creer** lo que dicen los horóscopos, es todo mentira.
- **salir** a cenar sin niños, ¡qué descanso!
- **ser** sincero con tu pareja para mantener una buena relación.

Me parece { *bien* / *una tontería* / *muy mal* }
- **caminar** una hora cada día para estar en forma.
- **estar** aquí esperando, no van a venir.
- **hablar** de personas que no se pueden defender.

2. Expresiones de valoración con subjuntivo

Ser		adjetivo				
	+	sustantivo	+	que	+	subjuntivo
Parecer		adverbio				

La utilizamos cuando la valoración se refiere a las acciones que realizan 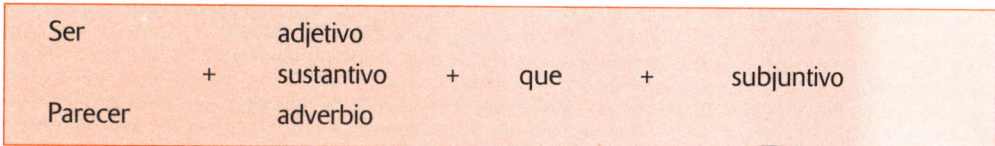 otras personas.

Es { *natural* / *fantástico* / *una tontería* / *horrible* } **que**
- **lleguen** tarde, siempre salen con el tiempo justo.
- Felipe **venga** a la fiesta de esta noche; es tan divertido.
- **creas** eso, yo nunca te he mentido.
- **hayan** despedido a Fernando.

Me parece { *bien* / *una barbaridad* / *muy mal* } **que**
- Jesús no **venga**, es un aguafiestas.
- **veas** esos programas de televisión.
- **diga** esas cosas de ti.

3. Expresiones para confirmar una realidad, con indicativo

| Ser | + | adjetivo | + | que | + | indicativo |
| Estar | + | claro | + | que | + | indicativo |

Utilizamos estas estructuras con oraciones afirmativas.

Los adjetivos que vamos a emplear con **ser** son: *evidente, obvio, verdad, indudable, cierto,* etc.

Con **estar** solo vamos a utilizar *claro*.

Es { *cierto / indiscutible / verdad / evidente* } que { mucha gente **va** a las rebajas. / se **está** produciendo un cambio climático. / la guerra **es** un gran error. / Félix **dice** muchas mentiras. }

Está { *claro* } que { hoy no **viene** Ana a trabajar, ya son las diez. }

4. Expresiones para confirmar una realidad, con subjuntivo

| | No { | ser | + | adjetivo | + | que | + | subjuntivo | } |
| | | estar | + | claro | + | que | + | subjuntivo | |

Utilizamos estas estructuras con oraciones negativas.

No { es { *cierto / discutible / verdad / evidente* } que { mucha gente **vaya** a las rebajas. / se **esté** produciendo un cambio climático. / el gobierno **tenga** razón sobre este tema. / Félix **diga** muchas mentiras. }

está { *claro* } que { hoy no **venga** Ana a trabajar, no son las diez. } }

5. Expresar la opinión

1. Cuando la oración es afirmativa:

> Creo/Pienso/Supongo/Entiendo/Me parece/etc. + que + la opinión en indicativo

— **Creo que** la última película de Penélope Cruz no **es** demasiado buena.
— **Me parece que** la educación pública en España **ha mejorado** últimamente.
— **Entiendo que** lo que estás diciendo **es** para defender a Margarita.

> En mi opinión/A mi modo de ver/Para mí/etc. + la opinión en indicativo

— **Para mí,** Antonio y Lola **cometen** un error casándose tan jóvenes.
— **A mi modo de ver,** el último artículo de Montero **es** un acierto total.
— **En mi opinión,** los programas televisivos no siempre **son** educativos.

> La opinión en indicativo + en mi opinión, por lo menos/vamos, creo yo/al menos para mí/etc.

— La última película de Saura **es** fantástica, **al menos para mí.**
— El libro que estás leyendo **es** aburridísimo, **vamos, creo yo.**

2. Cuando la oración es negativa:

> No + creo/pienso/entiendo/me parece/etc. + que + la opinión en subjuntivo

No { creo / entiendo / me parece } **que** { *Felipe venga a la fiesta, está muy enfadado.* / *estés haciendo esto por amor.* / *tengas razón en lo que has dicho.* }

6. Preguntar por la opinión

Cuando queremos preguntar a otra persona por la opinión respecto a algún tema, utilizamos las siguientes formas:

¿Tú qué crees?	¿Usted qué cree?
¿A ti qué te parece?	¿A usted qué le parece?
¿Tú qué opinas de esto?	¿Usted qué opina?
¿Qué piensas del tema?	¿Usted qué piensa?
¿Y tú cómo lo ves?	Etc.
Etc.	

7. Uso de los pronombres en la expresión de la opinión

Muchas veces usamos los pronombres personales para resaltar que somos nosotros mismos quienes estamos dando la opinión o para contrastarla con la de otras personas. En estos casos, el pronombre personal tiene una función enfática y de contraste:

— **Yo** creo que no era así cómo se tenía que hacer, pero **él** opinaba que sí.

— Pues **yo** pienso que Manuel tiene razón.

8. Expresar acuerdo y desacuerdo

1. Mostrar acuerdo con las opiniones de otras personas:

Estoy de acuerdo **con**	+	esa idea/eso Luis + **en lo de que...** **lo de** + nombre/infinitivo + **que...**	+	opinión en indicativo

— *Estoy de acuerdo **con lo de que** Luis siempre llega tarde a las reuniones.*

— *Estoy de acuerdo **con** Pedro **en lo de que** Luis siempre llega tarde a la reuniones.*

— *Estoy de acuerdo **con lo de que** siempre llega tarde a las reuniones.*

Yo pienso lo mismo **que**	+	tú Luis	+ **en lo de que...**	+	opinión en indicativo

— *Yo pienso lo mismo **que** Pedro **en lo de que** Luis siempre llega tarde a las reuniones*

Tienes razón	+	**en que** **en lo de que**	+ nombre/infinitivo +	opinión en indicativo

— *Tienes razón **en que** llegar tarde a las reuniones es un problema.*

— *Tienes razón **en lo de que** Luis siempre llega tarde a las reuniones.*

| Yo creo que | + | **lo de** | + | nombre/infinitivo | + | opinión en indicativo |

— Yo creo **que lo de** prohibir las manifestaciones es un error político grave.
— Yo creo **que lo de** Luis es algo que hay que hablarlo seriamente.

Con las formas **lo de/eso** hacemos referencia a las palabras dichas por otras personas.

2. Mostrar desacuerdo con las opiniones de otras personas:

| No estoy de acuerdo con | + | esa idea/eso
Luis
lo de | + **en lo de que ...**
+ nombre/infinitivo
+ **que...** | + | opinión en indicativo/ subjuntivo |

— No estoy de acuerdo **con lo de que** Luis siempre **llega/llegue** tarde a las reuniones.
— No estoy de acuerdo **con** Pedro **en lo de que** Luis siempre **llega/llegue** tarde a las reuniones.
— No estoy de acuerdo **con lo de que** siempre **llega/llegue** tarde a las reuniones.

| Yo no pienso lo mismo **que** | + | tú
Luis | + **en lo de que...** | + | opinión en indicativo/ subjuntivo |

— Yo no pienso lo mismo **que** Pedro **en lo de que** Luis siempre **llega/llegue** tarde a las reuniones.

| No tienes razón | + | **en que**
en lo de que | + nombre/infinitivo | + | opinión en indicativo/ subjuntivo |

— No tienes razón **en que** llegar tarde a las reuniones **es/sea** un problema.
— No tienes razón **en lo de que** Luis siempre **llega/llegue** tarde a las reuniones.

| Yo no creo que | + | **lo de** | + | nombre/infinitivo | + | opinión en subjuntivo |

— Yo no creo **que lo de** prohibir las manifestaciones **sea** un error político grave.
— Yo no creo **que lo de** Luis **sea** algo que **haya** que hablarlo seriamente.

- Cuando utilizamos la forma negativa y el verbo en **indicativo** expresamos que la información que damos corresponde a la realidad.
- Cuando utilizamos la forma negativa y el verbo en **subjuntivo** expresamos que no aceptamos lo que dice la otra persona.

3. Cuando queremos mostrar un acuerdo parcial, utilizamos las siguientes estructuras:

| Sí, | + | estoy de acuerdo,
claro,
por supuesto,
desde luego,
tienes razón | + | pero
sin embargo | + | opinión en indicativo |

Ejemplos:

▷ *Estoy de acuerdo con que prohíban el botellón.*

▶ *Sí, claro, pero hay que pensar también en los jóvenes.*

4. Para expresar total desacuerdo, casi enfado, respecto a la opinión de otras personas.

Pues yo no pienso así. Pues yo no estoy para nada de acuerdo. Ni hablar, eso no es así.	¡Pero tú qué dices! No tienes ni idea de lo que estás hablando.

9. Marcadores de discurso

Para organizar el discurso disponemos de los siguientes marcadores:

1. Para ordenar la información: En primer lugar Para empezar Por una parte **2. Para continuar con la siguiente idea o añadir información:** En segundo lugar, tercer lugar... Además Asimismo **3. Para introducir un nuevo argumento o idea:** Respecto a En cuanto a Por otra parte	**4. Para introducir una idea que se opone o contrasta con lo que hemos dicho antes:** Pero Sin embargo **5. Para expresar causa:** Porque Ya que Puesto que **6. Para concluir/finalizar:** Por último En definitiva Para terminar En conclusión

Unidad 8

1. Ser/Estar I

Usos generales

Ser	Estar
1. Nacionalidad. — *Roberto es italiano.* **2.** Procedencia. — *Las naranjas son de Valencia.* **3.** Identificar a una persona o cosa. — *Este es Roberto.* — *Esta es la nueva alumna.* **4.** Describir personas y cosas. — *Pedro es alto y simpático.* — *La mochila es azul y grande.*	**1.** Expresar estados físicos o emocionales con carácter temporal, provocados por un cambio. — *Juan está triste, su novia lo ha dejado.* — *Marisol está enferma, se ha pasado toda la noche tosiendo.* — *La ventana está rota.* **2.** Profesión (con carácter temporal). — *Felipe está de portero en un hotel mientras termina de estudiar.*

Ser	Estar
5. Materia. — El pantalón **es** de algodón. 6. Posesión. — La carpeta pequeña **es** mía. — El coche **es** de Juan. 7. Profesión (con carácter permanente). — Ángel **es** arquitecto. — José Manuel **es** el jefe del departamento de ventas. 8. Fecha. — Hoy **es** jueves. — Mi cumpleaños **es** mañana. 9. Hora. — **Son** las cuatro de la tarde. — La fiesta **es** a las tres. 10. Precio (para preguntar y decir el precio total). — ¿Cuánto **es** todo? — **Son** 12 €. 11. Lugar de celebración de un evento. — La conferencia **es** en el aula magna. 12. Hacer valoraciones: **ser** + adjetivo — **Es** importante que vayas a la reunión. 13. Expresar cantidad (con demasiado, poco, mucho, bastante…). — Esta habitación **es** demasiado pequeña. — **Es** un poco joven para este trabajo.	3. Precio variable. — La vivienda **está** muy cara últimamente. — ¿A cuánto **está** el salmón? — Hoy **está** a 14 € el kilo. 4. Localización en el espacio y en el tiempo. — La botella **está** sobre la Mesa. — Cadaqués **está** en la costa Mediterránea. — ¿A cuánto estamos? — Hoy **estamos a** 25 de mayo. 5. Hacer valoraciones: **estar** + **bien/mal/claro** — **Está bien** que digas la verdad. — **Está claro** que no tienes razón. 6. Expresar acciones en proceso: **estar** + gerundio — M.ª Luisa **está hablando** por teléfono desde hace una hora. 7. Descripción subjetiva del aspecto de una persona o cosa. — José Antonio **está** muy viejo para la edad que tiene, ¿no crees?

2. Ser/Estar II

Ser/Estar + adjetivo

Podemos hacer dos grupos, según el significado que adquiere el adjetivo al ir con **ser** o con **estar**:

1. El adjetivo **no cambia** de significado, pero recibe un matiz de carácter **permanente** con el verbo SER y de **temporal** con el verbo ESTAR.

    Son adjetivos que normalmente hacen referencia al carácter de la persona: simpático/a, amable, sincero/a, trabajador/a, abierto/a, extrovertido/a, introvertido/a, callado/a,…

    • Característica permanente:

    > Manolo **es** muy generoso, siempre trae regalos para todos.

    • Característica temporal:

    > Manolo **está** muy generoso desde que le han subido el sueldo.

2. Se produce un **cambio semántico.** Son adjetivos con doble significado.

Adjetivos	Ser	Estar
verde	**Ser ecologista o de color verde.** — *Juan **es** verde* (es ecologista). — *El coche **es** verde* (de color verde).	**No estar preparado o tener poca experiencia.** — *Mi profesor dice que no me presente al examen, que **estoy** un poco verde todavía.*
negro	**Color negro.** — *La camisa **es** negra.*	**Estar enfadado.** — *Manolo **está** negro. En una semana ha pinchado tres ruedas del coche.*
listo	**Inteligente.** — *Mi hijo **es** muy listo, lo ha aprobado todo con matrícula de honor.*	**Estar preparado.** — *Marisol no **está** lista, aún tiene que vestirse.*
atento	**Amable.** — *José Luis **es** muy atento, siempre que viene trae un ramo de flores.*	**Prestar atención.** — *José Luis nunca **está** atento y tengo que explicarle las cosas varias veces.*
católico	**Religión.** — *Francisco **es** católico, va a misa todos los domingos.*	**No estar bien.** — *Hoy Francisco no **está** muy católico, todo le sale mal.*
bueno	**Persona bondadosa.** **Producto de buena calidad.** — *Pedro **es** un chico muy bueno, siempre ayuda a sus padres.* — *Este vino de Rioja **es** muy bueno.*	**Bien de salud.** **Persona atractiva.** **Producto con buen sabor.** — *Pepe ha estado muy enfermo, pero ya **está** bueno, mañana viene a trabajar.* — *¿Has visto al chico nuevo? ¡**Está** buenísimo! Es alto, moreno y además simpático.*
malo	**Persona con maldad.** **Producto de mala calidad.** — *Felipe **es** malo de verdad. El otro día se enfadó con Antonio y le pinchó las cuatro ruedas.* — *Este vino **es** malísimo, no sé cómo te lo puedes beber.*	**Enfermo.** **Alimento con mal sabor.** — *Felipe **está** todavía malo, no puede moverse porque se marea.* — *Esta paella **está** mala, creo que el marisco no es de hoy.*
despierto	**Persona rápida en aprender.** — *Pablito **es** un niño muy despierto, solo tiene cuatro años y ya sabe leer.*	**No dormido.** — *Puedes llamarme aunque sea tarde. A las doce de la noche aún **estoy** despierto.*
orgulloso	**Arrogante, soberbio.** — *José Luis **es** muy orgulloso, no pide nunca un favor a nadie.*	**Contento, satisfecho.** — *Los Martínez **están** muy orgullosos de su hijo. Ha estudiado toda la carrera de arquitectura con beca.*

Expresiones idiomáticas con **ser** o **estar**.

Ser
Ser uña y carne: estar muy unidos.
Ser un carroza: tener una actitud o mentalidad anticuada.
Ser un fresco: persona que actúa de forma egoísta.
Ser un aguafiestas: persona que fastidia cualquier plan, fiesta, situación... con su actitud negativa.

Estar
Estar pez (en algún tema): no saber nada.
Estar como un palillo: estar muy delgado.
Estar hecho polvo: estar muy cansado.
Estar sin blanca: no tener dinero.
Estar trompa: estar borracho.
Estar como pez en el agua: estar muy cómodo.

3. Oraciones de relativo

Las oraciones de relativo tienen la misma función que un adjetivo, es decir, sirven para **identificar** o **describir** cosas o personas.

— La casa **que tiene más plantas** es mía. = La casa **abarrotada de plantas** es mía.
— El chico **que tiene el cabello rubio** es mi primo. = El chico **rubio** es mi primo.

Pero no siempre es posible definir con un adjetivo, en estos casos es necesario el uso de las oraciones de relativo:

— La casa **que está en la esquina** es mía.
— El chico **que lleva los pantalones a cuadros** es mi primo.

La cosa o persona a la que se refiere la oración de relativo se llama **antecedente**. El pronombre que lo sustituye puede ser QUE (personas o cosas) o DONDE (lugar).

Estructura de las oraciones de relativo

| antecedente | + | pronombre relativo | + | indicativo |
| | | | | subjuntivo |

— Los estudiantes que **han terminado** el examen pueden salir.
— Busco una persona que **sea** capaz de traducir estos textos del ruso.

Usamos indicativo

Cuando lo que decimos del **antecedente** es algo seguro porque es **conocido**:

— La escuela donde estudio español está muy lejos de mi casa.
— El gato **que tiene** Fernando es un donjuán, todos los días se va de picos pardos.

Usamos subjuntivo

1. Cuando el **antecedente** es **desconocido** y no podemos definirlo o identificarlo con exactitud:

— Estoy buscando un libro **que hable** de los problemas emocionales de la juventud.

2. Cuando **preguntamos** por la **existencia** o **no** de una cosa o persona:

| ¿Hay
¿Conoces (a)
¿Sabes si hay | + | pronombre/adjetivo
indefinido | + | pronombre
relativo | + | subjuntivo |

— ¿Hay alguna persona **que pueda** explicar por qué Antonio no está aquí?
— ¿Conoces a alguien **que sepa** tocar la guitarra flamenca?
— ¿Sabes si hay algo en la nevera **que se pueda** comer?

3. Cuando **negamos la existencia** de una cosa o persona:

| No hay | + | pronombre/adjetivo indefinido | + | pronombre relativo | + | subjuntivo |

— En esta reunión **no** hay nadie **que sea** capaz de decir una mentira como esa.
— **No** hay ninguna tienda cerca de aquí **que venda** revistas de fotografía.

4. Cuando expresamos **escasez de algo**:

| Hay poco, -a, -os, -as | + | nombre | + | pronombre relativo | + | subjuntivo |

— En esta asociación hay **poca** gente **que** no **tenga** hijos pequeños.

5. Cuando **pedimos** algo, especificando lo que queremos:

| ¿Me dejas ¿Tienes ¿Me das | + | cosa | + | pronombre relativo | + | subjuntivo |

— ¿Me dejas un libro **que trate** el tema de la interpretación de los sueños?
— ¿Tienes algo **que sirva** para quitar manchas de fruta?
— ¿Me das una cosa **que pegue** plástico y madera?

| Necesito Quiero | + | cosa/ persona | + | pronombre relativo | + | subjuntivo |

— Necesito a alguien **que entienda** de ordenadores, el mío no funciona.
— Quiero algo **que ahuyente** las hormigas.

Unidad 9

1. Oraciones temporales I

Hay marcadores gramaticales que permiten relacionar dos sucesos desde un punto de vista temporal.

Estos marcadores los podemos clasificar por el matiz temporal que añaden a la acción del verbo principal:

1. Para expresar que una acción es habitual:

Cuando: (es la forma más usada)
— Cuando estaba en San Sebastián, iba todos los días a la playa.
— Todos los días cuando llego a casa me ducho.

2. Para expresar dos acciones simultáneas:

Mientras: mientras + acontecimiento + acontecimiento
— Mientras yo compro en el mercado, tú puedes ir al banco.

Mientras tanto: acontecimiento + mientras tanto + acontecimiento
— Fernando prepara la cena. Mientras tanto yo acuesto a los niños.

> La diferencia entre "mientras" y "mientras tanto" es que en el segundo caso las informaciones que se presentan como contemporáneas son nuevas para el interlocutor. En cambio, la información introducida directamente por "mientras" ya es conocida por el interlocutor.

3. Para expresar que la acción se repite cada vez que se realiza la otra acción:

Siempre que: — *Siempre que escucho esta canción, me pongo a bailar.*

Cada vez que: — *Cada vez que viene, trae regalos para todos.*

Todas las veces que: — *Todas las veces que salgo con José, pasa algo.*

4. Para expresar que una acción es inmediatamente posterior a otra:

Tan pronto como: — *Tan pronto como lleguen, nos iremos.*

En cuanto: — *En cuanto termines de comer, nos vamos al cine.*

Nada más: — *Nada más salir de casa, empezó a llover.*

5. Para expresar el límite de la acción:

Hasta que (no)**:** — *Hasta que no venga Maribel, no nos podemos ir.*

6. Para expresar que una acción es anterior a otra:

Antes de (que):

— *Antes de firmar el contrato, hay que leerlo detenidamente.*

— *Antes de la reunión, tenemos que hablar seriamente con Julián.*

> En los casos en los que aparece *antes de + sustantivo* estos sustantivos suelen hacer referencia a *fechas, cantidades de tiempo* o a sucesos como *el examen, la boda, el entierro, la conferencia*, etc.

7. Para expresar que una acción es posterior a otra:

Después de (que):

— *Después del examen, nos vamos a tomar unas tapas.*

— *Después de que salgas del trabajo, iremos a comprar.*

> En los casos en los que aparece *después de + sustantivo* estos sustantivos suelen hacer referencia a *fechas, cantidades de tiempo* o a sucesos como *el examen, la boda, el entierro, la conferencia*, etc.

8. Para expresar el período de tiempo que separa dos sucesos:

Al cabo de / A los/las	+	cantidad de tiempo

— *Nos vimos por primera vez en febrero y, al cabo de tres meses, nos casamos.*

— *Salimos de casa a las diez y, a las dos horas, tuvimos que volver porque no paraba de llover.*

Cantidad de tiempo	+	después / más tarde

— *Hice el último examen en mayo y, tres semanas después, ya tenía trabajo.*

— *Cogimos el avión a las tres y, quince minutos más tarde, tuvo que aterrizar.*

2. Oraciones temporales II

Los marcadores temporales que acabamos de estudiar pueden ir seguidos de infinitivo, indicativo o subjuntivo.

Marcador temporal + infinitivo

En este caso, el sujeto de las dos oraciones es el mismo:
- **Antes de** terminar la carrera, empecé a trabajar.
- **Después de** viajar a Sevilla, le cambió la vida.
- **Nada más** entrar en la fiesta, vio a su ex novia.

Marcador temporal + indicativo

Expresa una acción en tiempo presente o pasado:
- El año pasado Fermín estuvo en Londres dos semanas dando unas conferencias.
- **Mientras tanto**, su mujer estuvo en Salamanca impartiendo unos cursos de español.

Marcador temporal + subjuntivo

Cuando el sujeto de las dos oraciones es distinto.
- **Antes de que llegue** Ana, terminad el informe.
- **Después de que** termines los deberes, iremos al cine.

Marcador temporal + indicativo → Expresa una acción en **presente** o **pasado**.
Marcador temporal + subjuntivo → Expresa una acción en **futuro**.

Marcadores que siguen esta regla:

Cuando / cada vez que / siempre que / hasta que / mientras...

• Con indicativo:

— **Cuando** viene Juan, trae regalos para todos; — **Cada vez que** salgo de noche, regreso a casa en taxi; — **Siempre que** íbamos al cine, nos sentábamos en la última fila; — **Hasta que** no viene su madre, no para de llorar; — **Mientras** preparas la comida, yo pongo la mesa.

• Con subjuntivo:

— **Cuando** llegue Javier, terminaremos de hablar sobre el tema; — **Cada vez que** venga, le tendremos preparada una sorpresa; — **Siempre que** viajes a Bilbao, alójate en el hotel de la plaza; — Esperaremos aquí **hasta que** llegue Manuel; — **Mientras** lleguemos a tiempo, todo saldrá bien.

Unidad 10

1. Oraciones causales

Para expresar la causa, la lengua española dispone de diferentes recursos:

1. Para preguntar por la causa de alguna cosa:

¿Por qué...?

- Es la forma más neutra, no añade ningún matiz.
  — ¿Por qué no vino Fernando a la fiesta?
- Funciona también en las oraciones interrogativas indirectas.
  — No comprendo por qué no vino Fernando a la fiesta.

¿Cómo es que...? ¿Y eso?

- Expresan extrañeza o sorpresa respecto a la acción del verbo principal.
  ¿Cómo es que no vino Fernando a la fiesta?
- Solo funcionan en oraciones interrogativas directas.
  — Fernando no vino a la fiesta.
  — ¿Y eso?

2. Para responder, explicar la causa, disponemos de los siguientes marcadores:

- Porque + indicativo

Es la forma más explícita y más neutra.
— ¿Por qué no vino a la fiesta Fernando? ; — Porque tenía trabajo en el despacho.

No porque + subjuntivo + sino porque

Se utiliza cuando la información que se expresa **no es nueva**, sino que se trata de información ya aparecida en el decurso de la conversación.
— ¿No vas a la fiesta porque te cae mal Joaquín?
— No voy no porque me caiga mal, sino porque no me gustan sus fiestas.

- Debido a (que)/A causa de (que) + indicativo

El significado de estos marcadores causales está próximo al de **porque**, pero se utilizan en un contexto más formal.
— La economía familiar está en una situación cada vez más crítica **debido al** aumento progresivo de los productos de consumo básico y al estancamiento de los salarios.
— La economía familiar está en una situación cada vez más crítica **debido a que** han aumentado progresivamente los productos de consumo básico y se han estancado los salarios.

- Es que + indicativo

Se utiliza para justificar la respuesta.
— ¿Por qué no vienes a la fiesta.
— Es que tengo que estudiar para los exámenes finales.

No es que + subjuntivo + sino que

Se utiliza cuando el hablante quiere ser más cortés en su respuesta y formula una primera justificación que no es la que quiere expresar.
— ¿No te gusta la película de Almodóvar?
— A ver, no es que no me guste, sino que no es el tipo de cine que yo suelo ver.

No + indicativo + sino

Esta estructura se utiliza para corregir informaciones falsas.
— Cristóbal Colón no era español sino genovés.

- Por + adjetivo/sustantivo/infinitivo

La causa introducida con **por** tiene, normalmente, connotaciones negativas.
— No vino a la fiesta por despistado, se equivocó de día.
— No viene a la fiesta por su testarudez, dice que si viene Belén, él no viene.
— José Luis se puso enfermo por trabajar tanto.

- Puesto que/Ya que/Dado que/Como + indicativo

Se utilizan estos marcadores cuando la causa es conocida por el interlocutor.
— El sábado no voy a la fiesta de Ana.
— Ya que no vas a la fiesta, podrás hacer de canguro.

Los nexos **puesto que, ya que, dado que** pueden ir delante o detrás de la oración principal.
— Podrás hacer de canguro, ya que no vas a la fiesta.

Sin embargo, **como** siempre va al inicio de la frase.
— Como perdí las entradas, no pudimos ir al concierto.

Unidad 11

1. Oraciones consecutivas

- Las oraciones consecutivas expresan la consecuencia.
- Los nexos consecutivos los podemos clasificar en dos grupos:

> Los que siempre se construyen con **indicativo**

- **Así que**
- **Por eso**
- **Entonces**
- **Por (lo) tanto**
- **Por consiguiente**
- **De modo/manera que**
- **En consecuencia**

— He estado todo el mes de vacaciones, **por eso** no estoy informado de las últimas novedades.

— Aún no saben qué le pasa, **de modo que** sigue hospitalizado.

— Son las dos y Felipe no ha llegado, **por lo tanto** empezaremos sin él.

— No se presentó al examen final, **así que** tendrá que presentarse en septiembre.

> Los que siempre se construyen con **subjuntivo**

- **De ahí que**

— No saben que la reunión es mañana, **de ahí que** no vengan.

Estos marcadores consecutivos expresan una consecuencia que el hablante considera exagerada:

- **No tan** + adjetivo + **como para que**
- **No tanto, -a, -os, -as** + sustantivo + **como para que**
- **No** + verbo + **tanto como para que**

— La película no ha sido **tan** buena **como para que** aplaudan diez minutos.

— No hay **tan** poca gente **como para que** suspendan el concierto.

— No tiene **tanto** dinero **como para que** vaya presumiendo por ahí.

— No gana **tanto como para que** haga ese viaje en crucero.

2. Oraciones finales

- Expresan la finalidad.

> Para + infinitivo

- Cuando el sujeto de las dos oraciones es el mismo:
  — Pablo y Nieves están ahorrando **para casarse**.

- Cuando el verbo es de movimiento podemos utilizar también la preposición *a*:
  — He venido **a verte**.

> Para que + subjuntivo

- Cuando hay dos sujetos:
  — Han ido al banco **para que** les informen de las hipotecas.
  — He llamado a Fernando **para que** me diga si viene a la fiesta.

- Con verbos de movimiento utilizamos también **a que**:
  - *He venido **a que** me enseñes cómo funciona esto.*

> A fin de que/Con (el) objeto de que + subjuntivo

- Funcionan como **para que**, pero tienen un uso más formal:
  - *Hemos convocado la reunión del viernes **con el objeto de que** todos puedan estar informados de las últimas novedades empresariales.*

> ¿Para qué…? + indicativo

- Las oraciones interrogativas, directas o indirectas, siempre se construyen con indicativo:
  - *¿**Para qué** te ha llamado el jefe?*
  - *Sabes **para qué** sirve esto.*

3. Usos de por y para

POR	PARA
Causa — *Lo expulsaron de clase **por** gritar.* **Localización espacial** — *Cada día paseo **por** el parque.* (se refiere a un movimiento a través de un lugar) **Localización temporal** — *Quiere entregar el trabajo **por** Navidad.* (expresa un tiempo aproximado) **Precio** — *Compramos todos estos discos **por** 20 € nada más.* **Cambio (uno por otro)** — *Yo no puedo ir a la reunión, irá Manuel **por** mí.* **Medio** — *He enviado el paquete **por** mensajero.*	**Finalidad** — *Han ido **para** ver el concierto.* **Localización espacial** — *Juan dice que va **para** la estación.* (indica el destino) **Localización temporal** — *Quiere entregar el trabajo **para** Navidad.* (expresa límite de plazo) **Expresar opinión** — ***Para** mí, esto es un error.* **Hacer comparaciones** ▶ *Sevilla y Málaga son ciudades muy bonitas.* ▷ *Pues **para** ciudad bonita, Barcelona.* **Expresar la capacidad de algo** — *Es un local **para** 200 personas.*

Unidad 12

1. Pretérito perfecto de subjuntivo

1. Forma

Se construye con el presente de subjuntivo del verbo auxiliar *haber*, más el participio pasado de los verbos.

	Presente de subjuntivo del verbo **haber**	Participio de los verbos con –ar	Participio de los verbos con –er, –ir
Yo	**haya**		
Tú	**hayas**		
Él/ella/usted	**haya**	habl-**ado**	com-**ido**, viv-**ido**
Nosotros/as	**hayamos**		
Vosotros/as	**hayáis**		
Ellos/ellas/ustedes	**hayan**		

Participios irregulares

–TO		–CHO
poner → **puesto**	descubrir → **descubierto**	hacer → **hecho**
volver → **vuelto**	componer → **compuesto**	decir → **dicho**
abrir → **abierto**	morir → **muerto**	deshacer → **deshecho**
escribir → **escrito**	romper → **roto**	
ver → **visto**		

2. Uso:

El pretérito perfecto de subjuntivo es un tiempo compuesto en el que el participio pasado expresa una acción anterior al momento al que se refiere el hablante:

▷ *¿Ha llegado Fernando?*
▶ *Sí, ha llegado esta mañana.*
▷ *Espero que haya llegado bien.*

Como vemos en el ejemplo anterior, el pretérito perfecto de subjuntivo tiene los mismos valores que el pretérito perfecto de indicativo. Así, cuando el verbo de la oración principal exija la presencia de subjuntivo en la oración subordinada, el verbo lo pondremos en pretérito perfecto.

Reaccionar ante algún suceso

Ante un suceso, el hablante puede reaccionar expresando sus sentimientos de diferentes formas: sorpresa, extrañeza, deseo, lamentación, alegría, etc. Todas estas expresiones de sentimiento tienen la misma estructura:

Expresión de sentimiento + que + subjuntivo
↓
Me extraña / Me sorprende / Me gusta / Me alegra / Siento / Lamento / Me indigna / Me molesta...

¡Ojo! Cuando en la oración hay dos sujetos diferentes, usamos:
verbo de sentimiento + que + subjuntivo;
cuando el verbo es el mismo:
verbo de sentimiento + infinitivo.
— *Me gusta mucho vivir aquí.*

¡Qué + sustantivo / adjetivo / adverbio + que + subjuntivo!
↓
raro / extraño / bien / mal / sorpresa / alegría...

Me parece + sustantivo / adjetivo / adverbio + que + subjuntivo
↓
raro / extraño / mal / una tontería / increíble ...

Cuando estas expresiones están en presente de indicativo y cronológicamente su valor temporal corresponde a presente o futuro, vamos a utilizar **presente** de subjuntivo en la oración subordinada:

— *Me extraña muchísimo que Luis venga esta noche a la fiesta.*
— *Lamento que no podáis venir a la reunión.*
— *Me parece una tontería que digan una mentira como esa.*

Cuando el tiempo cronológico corresponde a un pasado reciente, vamos a utilizar **pretérito perfecto de subjuntivo** en la oración subordinada:

— *¡Qué extraño que Lola no haya salido todavía del examen!*
— *Lamento que no hayáis visitado a la abuela, os estaba esperando.*
— *¡Qué raro que no haya llamado, ya son las diez!*

Ofrecer ayuda/colaboración

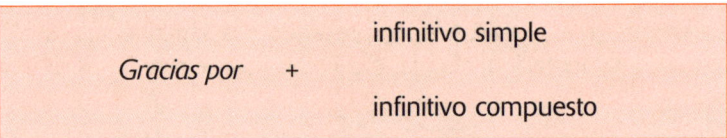

— *¿Quieres que cuelgue ese cuadro?*
— *¿Queréis que busque los documentos que os faltan?*

Aceptar/Rechazar ayuda o colaboración

ACEPTAR	RECHAZAR
Sí, muchas gracias.	*No, gracias, no es necesario.*
Me harías un favor.	*Gracias, pero ya lo hago yo.*
¡Cómo te lo agradezco!	*No te molestes, pero gracias.*
Si no es una molestia.	

Expresar agradecimiento

Gracias por + infinitivo simple / infinitivo compuesto

El infinitivo compuesto se forma con:

Infinitivo de haber + participio pasado de los verbos

Igual que en el pretérito perfecto de indicativo y subjuntivo, el participio pasado añade un matiz de acción terminada:

— *Gracias por venir a mi fiesta.*
— *Gracias por haber venido mi fiesta.*

En el segundo caso queda claro que el interlocutor ha ido a la fiesta; en cambio, en el primero, no podemos saber si la acción se ha realizado o tiene aún que producirse.

CLAVES

Unidad 1

1.1. vive / hay / pueden / permanecen / encuentran / es / consiguen / ofrecen / hay / reconoce / se siente / cree / tiene / realizan / piden / se levantan / se acuestan / cambian / salen / vuelve / duermen / practican / juegan / van / leen / realizan / dice / tienen / exigen / quieren / piensan / es / trabajan / se distribuyen.

1.3. se encuentran / satisfacer / tener / lograr / respetar / hacen / compartimos / se enriquecen / enfrentamos / pensamos / afectan / solucionar / gastamos / ganamos / dicen / usamos.

1.4. **1.** he hecho / he engordado. **2.** se ha levantado / volvió. **3.** hemos ido / hemos abierto / han regalado. **4.** organicé / vino / trajo. **5.** conocí / he podido. **6.** hubo. **7.** habéis visto / vimos / nos encantó. **8.** se fueron / han llamado. **9.** has puesto / he dejado. **10.** ha tenido / suspendió / ha suspendido.

1.5. **P. Perfecto:** últimamente, esta mañana, todavía no, siempre, nunca, ya alguna vez, este fin de semana, aún no, hace diez minutos, hasta ahora.

P. Indefinido: anoche, el día de mi cumpleaños, la semana pasada, en 1981, hace dos días, el año pasado, el jueves, en Navidad, el día 14, aquella primavera, ese día, ese año.

1.6. Sucedió / despedí / estaba / se acercó / pidió / podía / estaba / ofrecí / encontré / exigían / querían / preferían / pedían / me enseñó / envió / dijo / pregunté / respondió.

1.7. **La imprenta:** inventó / ignoraba / existía / sabía / apareció / fue / tuvo / desapareció / tomó / se esparció / acabó / aceleró / apresuró / posibilitó. **La pólvora:** inventó / usaban / conquistaron / llegó / fue / durmió / supo / era / empezó / dio / se disolvió. **Comer fuera de casa:** surgieron / pusieron / fue / era / escribió / empezaron / se quejaba / despedía / dejaba / había / daban / había.

1.8. **1.** estaba / llamó / pude / terminó / descubrió / era / se casó. **2.** ha venido / he oído / comió / se encontraba / ha tenido. **3.** vivía / gustaba / se reflejaba / olía / viviste / estuve. **4.** solía / hacía / gustaba / tuve / me rompí / he vuelto. **5.** pareció / recomendé / pensé / estaba / me sentí / conseguí / quería / gustó.

1.9. **Claudia S.** se encontraba / sugirió / aceptó / viajó / inició / ha caracterizado / marcó / nació.

Nieves A. era / ganó / ha alcanzado / fue / ha proporcionado / ha traído / fue / encontró / se casó / ha significado.

Cindy C. quería / tenía / asistió / consiguió / se hizo / era / tenía / fue / introdujeron / fue.

1.11. **1.** pondría. **2.** tendrías. **3.** saldría. **4.** podríais. **5.** diríamos. **6.** querría. **7.** harías/sabría. **8.** cabría. **9.** vendría. **10.** habría. **11.** valdría.

1.12. **1.** C; **2.** B; **3.** E; **4.** F; **5.** D; **6.** A.

1.13. 1. Tendrías que ir a estudiar con un compañero.

2. Yo que tú pagaría el tinte y le regalaría bombones.

3. Deberías hablar seriamente con el amigo.

4. Yo seguiría con los estudios y con la relación, pero sin casarme.

5. Yo en vuestro lugar, cambiaría la cerradura de vuestra casa y así no podría entrar, y le haría la vida imposible.

6. Yo en tu lugar hablaría con mi jefe, exigiría lo que creo que me corresponde y, si no funciona, cambiaría de trabajo.

1.14. **1.** F; **2.** F; **3.** V; **4.** V; **5.** F; **6.** V.

Unidad 2

2.1. Ejercicio de pluscuamperfecto.

1. había leído; **2.** había estado; **3.** se habían marchado; **4.** habían vuelto; **5.** había amanecido; **6.** habían llegado; **7.** habíamos perdido; **8.** habíamos hecho; **9.** había conseguido; **10.** se había quemado.

2.2. Ejercicio de pasados.

había regalado / preguntó / había hecho / usaba / contestó / había perdido / sabía / había dicho / buscó / había estado / había visto / intentaba / fue / había vendido / había comprado / volvió / contó / había perdido / necesitaba / explicó / había vuelto / estaba / empezó / sacó / entregó / estaba.

2.3. **1.** ha obtenido; **2.** se rodó; **3.** comenzó; **4.** estrenó; **5.** fue; **6.** gustó; **7.** decidió; **8.** participó; **9.** había recibido; **10.** obtuvo; **11.** se encontraban; **12.** tenía; **13.** había dirigido; **14.** realizaba; **15.** nació; **16.** se trasladó; **17.** empezó; **18.** inició.

2.4. estábamos / paró / pensé / venían / me puse / quedamos / se oía / habían levantado / pareció / se bajaba / salió / resultó / era / era / se quedó / salió / dijo / se preguntaron / se atrevió / señalaron / se sacó / señaló / era / era / dijo / se sacó / eran.

2.5. Ejercicio de conectores. Sopa de letras.

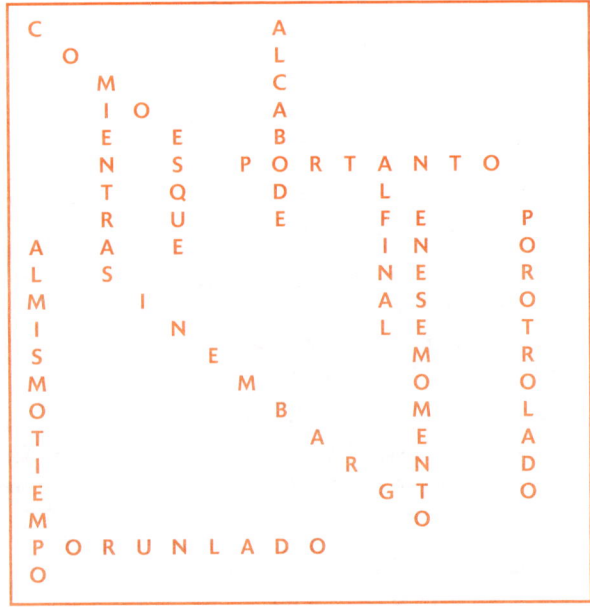

2.6. Ejercicio de conectores.

1. Como; **2.** es que; **3.** mientras; **4.** al cabo de; **5.** por tanto; **6.** al final; **7.** sin embargo; **8.** al mismo tiempo; **9.** en ese momento; **10.** Por un lado / por otro lado.

2.7. Ejercicio de expresiones. Relaciona.

1. E; **2.** F; **3.** G; **4.** B; **5.** D; **6.** A; **7** C.

2.8. Ejercicio de expresiones. Frases.

1. cortar por lo sano; **2.** me vuelvo loco; **3.** está a punto de empezar; **4.** dejarse engañar; **5.** cayeron en la trampa; **6.** coger el toro por los cuernos; **7.** de un tirón.

2.9. Ejercicio de pasados. Biografía de Benedetti.

nació / Se educó / Trabajó / residió / se integró / se formó / publicó / siguió / apareció / supuso / adquirió / tuvo / fue / debió / llevó.

2.12. Ejercicio de vocabulario. Sustituye las palabras del texto.

afiche = cartel; **amplio ventanal** = ventana grande; **mañanero** = de la mañana; **ventanuco** = ventana pequeña; **brotaba** = salía; **llanto** = lágrimas; **amplia** = grande; **celeste** = azul; **cesado** = dejado; **celda** = calabozo; **camastro** = cama pobre; **como** = más o menos; **reventado** = agotado; **altillo** = desván; **inmundo** = sucio.

2.13. Ejercicio de vocabulario. Adjetivos.

Celda real: pobre, fría, oscura, solitaria, húmeda, inmunda.

Celda soñada: espaciosa, luminosa, cómoda, grande, soleada, alegre, acogedora, cálida.

2.14. Ejercicio de vocabulario. Antónimos.

Inmundo = limpio; **Cálido** = frío; **Abundante** = escaso, poco; **Humedad** = sequedad; **Cómodo** = incómodo; **Blando** = duro; **Decidido** = indeciso.

Unidad 3

3.1. Ejercicio de la espalda.

1. Use / aplíquela; **2.** Mantenga; **3.** Practique; **4.** Evite; **5.** Pida; **6.** permanezca; **7.** use; **8.** coloque; **9.** inclínese / haga; **10.** Aplíquese; **11.** Extienda / acuéstese / cruce / levante / haga.

3.2. Ejercicio de la entrevista de trabajo.

1. Sea; **2.** Vístase / lleve / dé / rompa; **3.** se siente; **4.** se tumbe / mantenga; **5.** juegue / cruce; **6.** compórtese / trate; **7.** evite; **8.** Responda / alargue / sea; **9.** mienta / modifique.

3.3. Las instrucciones de M.ª Luisa.

1. Lávatelas; **2.** Dásela; **3.** Póntelo; **4.** Pónselo; **5.** Límpiala; **6.** Riégalas; **7.** Déjaselos; **8.** Hazlos; **9.** No la veas; **10.** No se la abras; **11.** No te los comas; **12.** No la pongas; **13.** No se lo quites; **14.** No se la abras; **15.** No lo utilices.

3.4. Expresiones con partes del cuerpo.

1. C; **2.** G; **3.** F; **4.** D; **5.** E; **6.** H; **7.** J; **8.** B; **9.** I; **10.** A.

3.5. Frases.

1. Estoy hasta las narices; **2.** se me hace la boca agua; **3.** estoy con el agua al cuello; **4.** echarme una mano; **5.** anda / va de cabeza; **6.** he dado pie con bola; **7.** pongo a mal tiempo buena cara; **8.** habla por los codos; **9.** pegar ojo; **10.** se había levantado con mal pie.

3.6. **1. Consejos para conseguir pareja**: ten seguridad en ti mismo/a; cuida tu aspecto; relaciónate con la gente; muéstrate tal como eres; no te obsesiones en encontrar pareja; ten una actitud positiva. **2. Consejos para ser feliz con tu pareja**: no olvides nunca su cumpleaños; evita la monotonía para mantener viva la pasión; compartid parte de vuestro tiempo libre; mantened vuestra independencia; conserva a tus amigos de siempre; intenta tener una buena relación con su familia. **3. Consejos para olvidar un amor**: no le llames; haz ejercicio físico para superar el enfado; habla con tus amigos de tus sentimientos; no pienses en los buenos momentos que habéis pasado juntos; recuerda todos los rasgos negativos de tu ex; distráete: ve al cine, sal con gente; haz cosas para olvidar tu preocupación.

3.7. **Con la forma tú: a)** Sé / cita / ten; **b)** Adopta / ofrece / olvídate; **c)** Evita / conviértete; **d)** Consigue / haz; **e)** Usa / preocúpate; **f)** Resuelve / evita; **g)** adopta; **h)** trata.

Con la forma usted: a) Sea / cite / tenga; **b)** Adopte / ofrezca / olvídese; **c)** Evite / conviértase; **d)** Consiga / haga; **e)** Use / preocúpese; **f)** Resuelva / evite; **g)** adopte; **h)** trate.

3.9. **Brisa marina:** Combina / Pica / llena / Echa / añade / decora.

Negroni: Corta / llena / añade / coloca.

Sangría Sumatra: Mezcla / pon / impregna.

Kiwi Surprise: Tritura / añade / machaca / echa.

Ginger Fizz: Mezcla / tritura / pon / agita / Echa / añade.

3.10. Verdadero o falso.

1. F; **2.** F; **3.** V; **4.** F; **5.** F; **6.** V; **7.** V.

3.11. **Con la forma tú: 1.** echa / frótatelas; **2.** humedece / pásala, **3.** llena / sumerge; **4.** pon; **5.** hierve / sumerge; **6.** frota / Elimina / aplica / extiéndela / deja; **7.** pon / frota / aclárala / sécala.

Con la forma usted: 1. eche / frótaselas; **2.** humedezca / pásela; **3.** llene / sumerja; **4.** ponga; **5.** hierva / sumerja; **6.** frote / Elimine / aplique / extiéndala / deje; **7.** ponga / frote / aclárela / séquela.

Unidad 4

4.1. 1. se enamore; 2. se lleve; 3. se despierte; 4. me convierta / me transforme; 5. muerda; 6. me coma; 7. me encuentre; 8. crezca / sea; 9. se case; 10. me transforme / me convierta.

4.3. Crucigrama.

1. L L A M E N
2. A M A N E Z C A
3. V O L E I S
4. S E P A N
5. H A Y A S
6. D I G A S
7. E N T I E N D A
8. C U E L G U E N
9. P I D A M O S
10. S U E Ñ E
11. S A L G A I S
12. C I E R R E S
13. C O N O Z C A M O S

Título de la película: "La ley del deseo".

4.4. 1. sea / vaya; 2. nos divirtamos / llueva; 3. tenga; 4. traiga; 5. se convierta / se enamore / haya.

4.5. Notas: 1. que vayas / compres / hacer (también, que hagas); 2. que llame / diga / tener; 3. que paséis / tengáis; 4. que te guste.

4.6. Diálogo: que vayamos/ que salga/ que quedemos/ juguemos/ que hagamos/ renovar / que estemos / que organicemos.

4.7. 1. vuelvas; 2. tenga; 3. pierdas / estudies; 4. saque; 5. regalen / soy; 6. vaya / mejorar; 7. hagamos.

4.8. Completar frases: 1. vivir / que viaje / disfrute; 2. que busque/ compare; 3. tener; 4. me compren / trabajar; 5. que pida/ que me regalen; 6. que no te preocupes / que le dejes / que le vigiles.

4.10. Relaciona las frases: 1. C; 2. D; 3. B; 4. E; 5. A. Los puntos 1 y 2 son intercambiables.

4.11. Verdadero o falso: 1. F; 2. V; 3. V; 4. F; 5. V; 6. F; 7. V; 8. V; 9. F; 10. V.

4.12. Vocabulario: insensible → sensible; agresivo → pacífico; comprensivo → incomprensivo; hablador → callado; capaz → incapaz; ordenado → desordenado; descuidado → cuidadoso; cariñoso → arisco.

4.13. Transformación de frases:

Solución posible:

Las mujeres quieren que los hombres sean más sensibles y no sean tan descuidados, necesitan que los hombres las escuchen y esperan que ellos sean más afectuosos y comprensivos. Ellas desean que se comuniquen y expresen todo el amor que ellas necesitan. También esperan que se comprometan en las relaciones y que prefieran hacer el amor y no solo sexo, y que no dejen la tapa del inodoro levantada.

Los hombres quieren que las mujeres conduzcan mejor, que entiendan las guías y que aprendan a mirar los mapas al derecho. Los hombres desean que las mujeres se orienten mejor y que vayan al grano cuando hablan. También desean que las mujeres tomen la iniciativa más a menudo en el sexo y que no bajen la tapa del inodoro.

4.14. Emilie: haga / colabore / recoja / haga / salga / estudiar / dejar / casarse / tener.

Íñigo: hablar / razone / salga / dejar / tener.

Unidad 5

5.1. 1. ganará, tendrá; 2. podré; 3. estará; 4. volverán, vendrán; 5. será, tendrá; 6. saldré.

5.3. 1. habrá ganado, habrá sido; 2. habrá venido, habrá podido; 3. habrán ido, se habrán escapado; 4. habré hecho, habrás aprobado; 5. habrán venido, habrán comido; 6. habrá entrado, habrá olvidado.

5.5. 1. Empezaría: 2. estaría; 3. volvería; 4. dirían / se enfadarían; 5. habría / seríamos.

5.6. 1. Las habrás dejado; 2. estará / te vería; 3. Le explicaría / lo habrán despedido/ habrá ido; 4. habrá / vendrá; 5. estará / se habrá dormido / habrá sonado.

5.7. **Futurama:** será, Será, Habrá, será, seguirá, habrá avanzado. Habrá, estarán, volarán, podrán, seguirá. Se habrán instalado, se habrán integrado, habrá, asignará, se habrán convertido, serán, tendrán. Habrá, usarán, realizarán, estará, habrán construido, será, podrá, irán, dispondrán, estarán, podrán, continuarán.

5.8. 1. E ; 2. F ; 3. H ; 4. A ; 5. B; 6. D; 7. C; 8. G.

5.9. Probabilidad alta: creo que; seguro que; me parece que.
Probabilidad media: supongo que; me imagino que; seguramente.
Probabilidad baja: quizá; a lo mejor.

Unidad 6

6.1. 1. me vaya, llueve; 2. esté, necesite; 3. puedan ,vuelan; 4. dejen, vayas; 5. den, llamen.

6.2. **Inteligencia artificial:** puede, sean, vaya, será, encontraremos, harán, estemos, obliguen.

6.5. desaparezcan, Debamos, avance, permita, haya, cambiar, diseñar, alargar, dotar, cuesten, procedan, aumenten, pueda, crezcan, sean, sean, lleguen.

6.6. 1. estará, habrán robado; 2. ha descubierto, sepas; 3. hará, encuentre, pueda; 4. tengamos; 5. sería, se lavaría, tendrían; 6. se habrá quedado, tendrá, pueda, quiere; 7. será, querrá, esté, se pondrá; 8. haría, se enrollarían, empiecen.

6.8. 1. algún, alguno; 2. alguien, algo; 3. algún, ninguna; 4. nada, algunos, ninguna, algo; 5. algunas, nadie; 6. nadie.

6.9. 1. a alguien; 2. algo; 3. algún; 4. alguien; 5. algún; 6. algún, ninguno; 7. algunas, 8. nada.

6.11. **Definiciones posibles:**
Globalización: integración de sistemas económicos y culturales.
Selección natural: proceso natural por el cual la especie más fuerte sobrevive a las demás.
Estrés: estado de nerviosismo y agitación causado por un factor externo que tiene consecuencias negativas para la salud.
Trabajo a distancia: actividad laboral remunerada que se realiza para una empresa sin necesidad de acudir a ella, que se puede hacer desde casa u otro lugar.
Deterioro de la visión: pérdida progresiva de la capacidad para ver correctamente.
Sobreestimación de la propia personalidad: valoración excesiva que hacemos de nuestra forma de ser y nuestras capacidades personales.

6.12. **Antónimos.** Soluciones posibles:
Desarrollo → atraso.
Consecuencia → causa.
Acertado → desacertado o erróneo.
Esclavizar → liberar.
Gastar → ahorrar.
Poblado → despoblado o deshabitado.
Generosidad → egoísmo.
Distraerse → aburrirse o concentrarse.

Unidad 7

7.1. mantengan / conservemos / transmitamos / lleven / es / comprenden / se dan cuenta.

7.2. cazáis / sea / está / respetéis / cambie / defiendas / estamos.

7.3. Para empezar / por una parte, por un lado / por otra parte, por otro lado / Además / Respecto a / por un lado, por una parte/ por otro lado, por otra parte / puesto que, ya que / Por último / En definitiva / ya que, puesto que.

7.4. Sin embargo / En primer lugar / En segundo lugar / Sin embargo / además / En cuanto a / En definitiva / por una parte / por otra parte.

7.5. **1.** vaya; **2.** están / tienes / es; **3.** es / sea / son; **4.** esté / está; **5.** sean / existen / tengan.

7.6. **1.** es / cueste; **2.** haya / viene; **3.** es / paguen; **4.** atraviesa / sea; **5.** se dediquen / deba; **6.** asuman; **7.** estudien / cueste.

7.7. **Posibles respuestas:**
1. ▷ Creo que la falda que se ha comprado Marisol es muy original. ¿Tú qué crees?
   ▶ Original sí que es, pero a mí me parece que le queda fatal
   ▷ No estoy de acuerdo, yo no creo que le quede tan mal, un poco ancha tal vez sí.
2. ▷ ¿Conoces al nuevo novio de María Fernanda? ¿Qué opinas?
   ▶ Pienso que es un chico muy educado y formal.
   ▷ ¡Qué dices! Tú no lo conoces bien. Está claro que es un gamberro.
3. ▷ No es seguro aún que podamos ir a la exposición de Barceló.
   ▶ Pues es una pena, a mí me parece que es una exposición muy interesante. ¿Tú que la has visto qué piensas?
   ▷ Siempre es interesante ir a ver una exposición de Barceló.
4. ▷ ¿Qué opinas de la fusión de ritmos musicales, como el flamenco y la música celta?
   ▶ Es evidente que es una innovación, pero creo que es un error mezclar estilos tan diferentes.
   ▷ ¡Pero qué dices! No estoy de acuerdo contigo. Está claro que la música evoluciona y creo que es bueno fomentar la fusión de estilos.

7.8. **1.** En primer lugar; **2.** se dé cuenta; **3.** Teniendo esto en cuenta; **4.** se quejen; **5.** es; **6.** En segundo lugar; **7.** comparte; **8.** compres; **9.** porque; **10.** haga; **11.** son; **12.** terminemos /terminen.

7.10. **1.** E; **2.** F; **3.** H; **4.** A; **5.** G; **6.** I; **7.** C; **8.** B; **9.** D.

7.11. **1.** perro / gato; **2.** fiera; **3.** canguro; **4.** mosquito; **5.** gatos; **6.** borrego; **7.** ostra; **8.** gallina.

Unidad 8

8.1. **1.** está, está; **2.** son, Son; **3.** es; **4.** están, son; **5.** están; **6.** son; **7.** eres; **8.** Está; **9.** están; **10.** está, es; **11.** son; **12.** es, estamos, es; **13.** es, está; **14.** están, está; **15.** Es; **16.** Está; **17.** son; **18.** Es, Está.

8.2. **1.** estado temporal; estado temporal; **2.** procedencia; **3.** identificar a una persona; **4.** descripción subjetiva; descripción física; **5.** localización en el espacio; **6.** nacionalidad; **7.** expresar cantidad; **8.** estar + gerundio; **9.** precio variable; **10.** profesión con carácter temporal; profesión; **11.** precio total; **12.** fecha; localización en el tiempo; fecha; **13.** lugar celebración evento; localización espacial; **14.** descripción subjetiva de una cosa; descripción subjetiva de una cosa; **15.** materia; **16.** estado temporal; **17.** posesión; **18.** valoración con "ser"; valoración con "estar".

8.3. **1.** estamos, estoy; **2.** es; **3.** es; **4.** estaba; **5.** es; **6.** está; **7.** está, es; **8.** Está, está; **9.** es, está; **10.** están; **11.** está; **12.** es; **13.** es, está; **14.** estaba; **15.** es; **16.** está; **17.** es .

8.4. **1.** está como un palillo; **2.** es un muermo; **3.** es un fresco; **4.** estaba como pez en el agua; **5.** es un pelota; **6.** estamos sin blanca; **7.** estaban trompa; **8.** estaban hechas polvo; **9.** es una aguafiestas; **10.** Son uña y carne; **11.** Estoy pez.

8.5. **1.** donde metes; **2.** que utilizas; **3.** donde van; **4.** donde escribes; **5.** que te pones; **6.** donde viajas; **7.** donde buscas; **8.** que comes; **9.** donde viven; **10.** que sirve; **11.** donde vas; **12.** que pones.

8.6. **1.** bolso; **2.** ratón; **3.** autopista; **4.** diario; **5.** casco; **6.** isla desierta; **7.** páginas amarillas; **8.** sandía; **9.** zoo; **10.** frigorífico; **11.** biblioteca; **12.** persiana.

8.7. **1.** que conocimos; **2.** que trate; **3.** Donde quieras; **4.** que sirva; **5.** que sirve; **6.** donde pasé; **7.** que sea; **8.** que sea, donde haya; **9.** donde vivimos; **10.** donde quieran; **11.** que atiendan; **12.** que pueda; **13.** que quiera, que tienen; **14.** donde estuvimos; **15.** que esté.

8.9. **1.** V; **2.** F; **3.** F; **4.** F; **5.** F; **6.** V; **7.** V.

8.10.

Adjetivos de descripción	Partes del cuerpo	Aseo personal
Carácter: Tierno Comprensivo Fiel Dinámico **Físico:** Sexy Atractivo Juvenil Grueso Calvo Con mirada sensual	Cabellera = pelo Dientes Sonrisa Barba Rostro = cara Trasero = culo = posaderas Dentadura Cabeza	Oler bien / mal Sudor Dientes libres de caries Aroma = olor Descuidar la imagen Vestir (poco) elegante Cuidar la higiene

8.11. **Familia:** tenga, hable, domine, sea, pertenezca. **Fantasma:** se desplacen, puedan, den, traigan, atraviesen, muevan. **Circo:** sienta, sea, tiemble, luzca, tenga. **Jane:** sea, tenga, se oponga.

Unidad 9

9.1. **1.** te hagas, enseñes; **2.** llego; **3.** hay; **4.** vayas; **5.** sepas; **6.** miente; **7.** puedo; **8.** puedas; **9.** sobra.

9.2. **1.** crezcan; **2.** eras; **3.** abrimos, era, nevaba; **4.** ve, vea; **5.** vinimos, volvamos; **6.** llegan; **7.** regrese; **8.** llegues; **9.** podíamos, pasábamos.

9.3. **1.** tengo; **2.** irte; **3.** llaméis; **4.** termine; **5.** firmen; **6.** viaja; **7.** prepara; **8.** aparecer; **9.** rodar; **10.** visitábamos; **11.** estemos.

9.4. **A.** Acción habitual: **1.** **B.** Acción repetida: **6, 10. C.** Acción anterior: **2. D.** Acción inmediatamente posterior: **4, 8. E.** Acción posterior: **5, 9. F.** Límite de acción: **3. G.** Acción simultánea: **7. H.** Acción futura: **11.**

9.5. **1.** C; **2.** F; **3.** H; **4.** B; **5.** G; **6.** D; **7.** I; **8.** A; **9.** E.

9.6. **1.** en cuanto; **2.** cada vez que; **3.** antes de que, mientras tanto, Después; **4.** antes de; **5.** Hasta que; **6.** después de que; **7.** nada más; **8.** Mientras; **9.** al cabo de; **10.** más tarde.

9.7. **La Lechera:** obtenga, convertiré, venda, compraré, sean, venderé, podré, lleve, iré, se enamorarán, diré.
La Cigarra: llegaba, estaba, vio, se rio, te des, vendrá, te reirás, llegó, sea, trabajaba.

9.8. esté, se doren, se pongan, estén, tengan, se fríen, retirar, adquieran, esté, se enfríe.

9.10. **1.** F; **2.** F; **3.** F; **4.** V; **5.** V; **6.** F; **7.** V; **8.** V; **9.** F; **10.** V.

9.11. **Ganarse la vida:** tener independencia económica.
Estar como los chorros del oro: muy limpio.
Dar un vuelco el corazón: sentir una emoción fuerte y repentina.
No tener remedio: esta expresión significa que no hay una solución, pero en el texto quiere decir que no sabemos lo que queremos.

9.12. **1.** lo llamaré Manolo. **2.** tenga 30 años. **3.** me tomo un café. **4.** haré una gran fiesta. **5.** creía en los Reyes Magos. **6.** tenga una casa más grande. **7.** tenía 25 años. **8.** vuelvas. **9.** te veo. **10.** me pongo muy nervioso.

Unidad 10

10.1. **1.** porque; **2.** debido a, dado que / puesto que; **3.** ya que; **4.** como; **5.** por; **6.** a causa de; **7.** es que, por **8.** Puesto que / Dado que.

10.2. A **3.**; B **2.**; C **1.**; D **4.**; E **5.**; F **2.**; G **2.**; H **2.**; I **2.**

10.3. **Soluciones posibles:**

1. En los últimos meses los precios han aumentado **a causa** de la introducción de la moneda única.

2. Como está lloviendo, no podemos ir esta tarde a la playa.

3. El reciclaje se está implantando en la sociedad actual **debido a que** los gobiernos se han dado cuenta de que el medio ambiente está seriamente amenazado.

4. Me parece muy mal que la gente se manifieste en contra del consumo de pieles de animales **puesto que** hay otros problemas más importantes como, por ejemplo, los niños obligados a trabajar como esclavos.

5. La solución al conflicto de Israel y Palestina no parece tener solución **por** la intolerancia de los dos gobiernos.

10.4. **1.** No he podido llamarte por teléfono, es que me he quedado sin batería.

2. La recepción del embajador ha tenido que ser suspendida a causa de los últimos acontecimientos internacionales.

3. Jordi se ha ido a vivir a Londres por motivos de trabajo.

4. Vamos a tener que cambiar la fecha de la boda porque no encontramos iglesia.

5. Voy a romper mi relación con Antonio ya que no tengo noticias suyas desde hace 2 meses.

6. Los inquilinos fueron desahuciados de las viviendas dado que no pagaban el alquiler desde hacía meses.

7. Los trabajadores presentaron un recurso debido a que no consideraban justa la decisión de la empresa.

10.5. la pelea, la afición, la permanencia, la pertenencia, la conducción, la borrachera.

10.6. **1.** Le echaron de la discoteca por la pelea que tuvo con el camarero. **2.** Empezó a tener problemas por su afición a la bebida. **3.** Ese futbolista ha hecho todo lo posible por su permanencia en el mismo equipo. **4.** La policía le detuvo por su pertenencia a un grupo violento. **5.** Le quitaron el carnet por conducción peligrosa. **6.** Hoy le duele mucho la cabeza por la borrachera de ayer por la noche.

10.7. **Soluciones posibles:**

2. No es una película histórica, sino de ciencia ficción. **3.** No se casa con la madrastra, sino con Cenicienta. **4.** No se comió unas aceitunas, sino una manzana. **5.** Madonna no es una cantante de ópera, sino de pop. **6.** No se llamaba lira, sino peseta. **7.** No lo escribió Shakespeare sino Cervantes. **8.** No tiene frontera con Brasil, sino con Argentina. **9.** No está en el Louvre, sino en el Prado (Madrid). **10.** No fue al bosque a buscar setas, sino a visitar a su abuela. **11.** No fueron los rusos sino los americanos. **12.** No es originario de África sino de América.

10.8. **1.** No es porque no le guste, sino porque no sabe usarlo. **2.** No es porque no sepa qué ponerse, sino porque no tiene tiempo. **3.** No es porque quiera cambiar de trabajo, sino porque tiene madera de actriz. **4.** No es porque le guste, sino porque quiere buscar trabajo en Suecia. **5.** No es porque no quiera comer nada que tenga ojos, sino porque no le gusta.

10.10. **1.** V; **2.** F; **3.** F; **4.** V; **5.** V; **6.** F; **7.** V; **8.** F.

10.12. **1.** No es que sea antipática, sino que es muy tímida. **2.** No es que tenga sueños proféticos, sino que está preocupada. **3.** No es que le guste hablar, sino que es un gran contador de historias. **4.** No es que no quiera salir, sino que tiene tres niños. **5.** No es que sea ordenado, sino que sabe dónde buscar. **6.** No es que le caiga mal, sino que vive lejos. **8.** No es que no les guste el tema, sino que a esas horas tienen hambre.

10.13. distanciarse, el entendimiento, apenarse, la tardanza, la solidificación, el impedimento, la huida, el sufrimiento, brillar, el gusto.

Frases: 1. tardanza; **2.** se distanciaron, entendimiento; **3.** impedimentos; **4.** Me apena; **5.** solidificación; **6.** brillan; **7.** La huida; **8.** sufrimiento; **9.** gustos.

Unidad 11

11.1. **Soluciones posibles:**
1. Ayer Josefina tenía 40 de fiebre, por eso no pudo ir a la reunión. **2.** Habéis estudiado poco, en consecuencia, habéis suspendido el examen de español. **3.** Anoche Antonio estaba borracho, por eso se cayó por las escaleras. **4.** Hoy el niño estaba jugando con el mechero, así que se ha quemado los dedos. **5.** Hemos estado todo el mes de vacaciones, de ahí que no sepamos nada sobre el accidente de tu primo. **6.** M.ª Cristina no soporta el humor de Ana, de modo que no viene nunca a mi casa cuando está ella. **7.** José Javier no trabaja desde enero, de ahí que tenga tantas deudas. **8.** M.ª José ha roto con su novio, por eso está muy triste. **9.** Nos gusta mucho este hotel, así que volveremos otra vez el próximo año. **10.** Felipe trabaja mucho, en consecuencia, le ha dado un infarto.

11.2. **1.** podemos / podremos; **2.** cierren, dejen; **3.** necesiten, puedan; **4.** hemos decidido; **5.** vayáis; **6.** tenemos / tendremos; **7.** os quedáis / os quedaréis; **8.** se han perdido; **9.** viajé; **10.** estemos; **11.** venís / vendréis; **12.** vamos / iremos; **13.** cogeré, pasaré; **14.** venda; **15.** escuchará.

11.3. **1.** mantengan; **2.** crear, parezca; **3.** me diga, me traiga; **4.** ser, disfrutar; **5.** crezcan, sean; **6.** pedirnos, bajemos; **7.** pagar, ganar; **8.** perfeccionar, conocer.

11.4. **Batidora:** limpiarla, brille. **Freidora:** purificar, se queden. **Sandwichera:** se ablanden, desaparezcan. **Yogurtera:** huelan. **Exprimidor:** adquieran. **Cafetera eléctrica:** pierda.

11.5. **1.** renovar; **2.** hablar, preguntar, que te expliquen; **3.** que arregle, trabajar; **4.** que puedan, se decidan; **5.** ayudar, que se instalen; **6.** que no me olvides; para que pienses; **7.** lograr; **8.** que os relajéis, os olvidéis.

11.6. **1.** por; **2.** para / por; **3.** por; **4.** para; **5.** para; **6.** para; **7.** por / por; **8.** por; **9.** para; **10.** por; **11.** Para; **12.** por / para; **13.** por / para; **14.** por / para /por; **15.** Para / para / por.

11.8. **1.** F; **2.** V; **3.** V; **4.** V; **5.** F; **6.** V; **7.** F.

11.9. **Soluciones posibles:**

Antónimos	Sustantivos
1. bello .... feo, horrible	.... la belleza, la fealdad ....
2. aumentar .... disminuir, reducir	.... el aumento, la reducción ....
3. estirar .... arrugar	.... el el estiramiento, la arruga ....
4. crecer .... decrecer, descender	.... el crecimiento, el descenso ....
5. exponer .... ocultar	.... la exposición, el ocultamiento ....
6. implantar .... extraer, sacar	.... el implante, la extracción ....

11.10. **1.** implantes, extracciones; **2.** fealdad, ocultar; **3.** estiramientos, arrugas; **4.** crece/aumenta, belleza; **5.** ocultaban, ocultamiento.

11.11. **Defectos congénitos:** malformaciones de nacimiento. **Cirugía reparadora:** se usa para solucionar problemas físicos de nacimiento o lesiones. **El *boom* de la estética:** gran crecimiento del número de operaciones estéticas. **Sucumbir al bisturí:** decidir operarse. **La ansiedad del nuevo rico:** necesidad de demostrar públicamente que se tiene dinero.

Unidad 12

12.1. **1.** le molestan; **2.** les preocupa, le interesa; **3.** les encantan, os molesta; **4.** Nos sorprenden, nos decepciona; **5.** te gusta, me gusta, nos encanta; **6.** les gusta, les preocupa; **7.** os interesan.

12.2. **1.** me ha molestado; **2.** os gusta, os encanta; **3.** nos preocupaba; **4.** nos sorprendió; **5.** les indignan; **6.** te alegraba.

12.3. **1.** vaya, recoja; **2.** se vuelva, compre; **3.** sorprenda, prepare; **4.** quiera, esté; **5.** toque, se caigan; **6.** os llevéis, compartáis; **7.** contesten; **8.** nieve, llueva, haga.

12.4. **1.** que la gente reaccione; **2.** cambiar; **3.** madrugar, levantarme; **4.** que tengan; **5.** que los niños jueguen; **6.** que pienses, escuchar.

12.5. sean, haga, decidan, expliquen, tomen, impida, den, falte, suenen, aparezcan, mientan, se responsabilicen, escuchen.

12.6. la decisión, la explicación, la imposibilidad, la falta, el sonido, la aparición, la mentira, la responsabilidad.

12.7. **Soluciones posibles: 1.** Estamos hartos de la imposibilidad de ser políticamente incorrecto; **2.** Estamos hartos de la falta de imaginación; **3.** Estamos hartos del sonido de las mismas canciones; **4.** Estamos hartos de la aparición de los mismos tipos en la televisión; **5.** Estamos hartos de las mentiras y de la falta de responsabilidad de los políticos.

12.8. **1.** hayas decidido; **2.** me hayas dicho; **3.** regale, los abandone; **4.** pierda; **5.** hayamos aprobado; **6.** dejéis; **7.** haya pedido; **8.** se haya dado cuenta; **9.** hayáis escrito; **10.** hagas, te importe; **11.** hayan llegado, haya pasado, estés; **12.** llevemos; **13.** hayamos terminado; **14.** hayas tenido, cueste.

12.9. **1.** que M.ª Luisa y José Javier vengan, que todavía no hayan llamado; **2.** que baje, escuchar; **3.** que no hayas podido, practicar; **4.** que nos reunamos, hayáis discutido, hayáis tomado; **5.** que no me hayan llamado, que se hayan olvidado; **6.** que siempre pienses, que sus amigos se sientan; **7.** que te hayan gustado, cocinar; **8.** que vayamos, ver.

12.10. leer, realicen, traten, haya regalado, sea, estudie, conozca, hayan muerto, haya tenido.

12.12. **1.** F; **2.** V; **3.** V; **4.** V; **5.** F; **6.** F; **7.** V.

12.13. **Soluciones posibles: Fanatismo educativo:** obsesión y exceso de control del tipo de educación que reciben los niños; **Juguetes bélicos:** juguetes que reproducen armas reales y que fomentan actitudes violentas en los niños; **Juguetes sexistas:** juguetes que fomentan la discriminación del sexo femenino, considerado inferior al masculino; **Comprar juguetes no es un juego de niños:** los juguetes trasmiten al niño una visión de la realidad en la que vive y por eso es necesario elegirlos con atención; **Exigencias del mercado:** el mercado decide qué artículos compraremos o no cada temporada.

GLOSARIO

EN TU IDIOMA	EN ESPAÑOL
	Abdominal: perteneciente al abdomen o la parte del estómago. Usado en plural "abdominales" se refiere al ejercicio físico que se realiza para trabajar esta parte del cuerpo.
	Absentismo, el: comportamiento o actitud voluntaria de no ir a trabajar.
	Abstemio, el: persona que nunca bebe alcohol.
	Acceso, el: entrada o paso.
	Acera, la: lugar a los lados de la calle por donde caminan las personas.
	Acerca de: sobre, en relación con.
	Acercar: llevar algo o a alguien más cerca de algo o alguien.
	Aciago: desgraciado, de mala suerte.
	Acordar: llegar a un acuerdo, ponerse de acuerdo en algo.
	Acortar: hacer algo más corto.
	Acudir: ir a un lugar.
	Acusar: echar la culpa a alguien de algo.
	Acústico: perteneciente al sonido o favorable a la propagación del mismo.
	Adivinación, la: acción y efecto adivinar.
	Adivinar: 1. Predecir el futuro; **2.** Descubrir por suposiciones algo oculto; **3.** Acertar el significado de un enigma.
	Adolescencia, la: etapa de la vida que abarca desde los 12 hasta los 18 ó 20 años, en la que se produce el completo desarrollo del cuerpo humano.
	Adolescente, el, la: persona que está en la adolescencia.
	Adorno, el: elemento decorativo que sirve para hacer algo más bonito o decorar.
	Adquirir: comprar.
	Adulterio, el: relación sentimental o sexual fuera del matrimonio.
	Adulto, el: persona que ha llegado al mayor desarrollo humano.
	Advertir: darse cuenta de algo, notar.
	Afiliado, estar: pertenecer a un grupo o asociación.
	Agarrado: tacaño, persona que no quiere gastar su dinero.
	Agobio, el: estrés.
	Agresión, la: ataque contra algo o alguien con intención de perjudicar o hacer daño.
	Aguafiestas el, la: persona que estropea cualquier diversión.
	Agujero, el: abertura de forma redondeada en algún lugar.
	Ahorrar: evitar un gasto o consumo más grande.
	Ahorro, el: acción y resultado de ahorrar.
	Ajedrez, el: juego entre dos personas con 32 piezas, 16 blancas y 16 negras, que se mueven sobre un tablero dividido en cuadros blancos y negros. Cada pieza representa una figura, por ejemplo, un rey, una reina, una torre, etc. y se mueven por el tablero de diferente manera. El objetivo es eliminar al rey contrario.
	Ajeno: de otra u otras personas.
	Aliviar: mejorar, calmar el dolor u otro tipo de molestia.
	Almendro, el: árbol que produce almendras.
	Almohada, la: objeto que sirve para descansar la cabeza cuando dormimos en la cama.
	Alucinante: impresionante, increíble, fantástico, asombroso.

EN TU IDIOMA	EN ESPAÑOL

Alucinar: sorprender, asombrar; sorprenderse, asombrarse.
Aludir: referirse a, nombrar algo o a alguien.
Amenazar: decir a alguien que se le quiere causar daño o perjudicar.
Angustioso: que provoca angustia o agobio.
Animar: dar energía moral a alguien.
Ánimo, estado de: situación en que se encuentra alguien causada por un sentimiento de alegría, tristeza, etc.
Ansiolítico, el: medicamento que sirve para calmar la ansiedad, el nerviosismo.
Antelación, la: anticipación, momento en el tiempo en que algo pasa antes de otra cosa.
Apenas: casi no.
Aperitivo, el: comida y bebida que se toma antes de la comida principal.
Apetecer: tener ganas de algo.
Aplicarse: ponerse.
Apoyar: confirmar una opinión.
Aprobar: pasar un examen.
Aprovechar: usar algo de forma útil. Obtener de algo el máximo rendimiento.
Apuñalar: atacar y causar heridas con un puñal o cuchillo.
Archivar: guardar documentos o información de forma ordenada, en un archivo.
Armonioso: que tiene armonía o correspondencia entre sus partes, de manera que ninguna de ellas sobresale por encima de las otras.
Arraigado: afirmado, establecido firmemente.
Arranque, el: dispositivo que pone en funcionamiento una máquina, especialmente un coche o una moto.
Arruga, la: señal que se forma en la piel por causa de la edad.
Artesano: hecho a mano y de manera tradicional.
Artrosis, la: enfermedad degenerativa de las articulaciones de los huesos que produce deformaciones de los mismos.
Ascender: 1. Subir; **2.** En el mundo del trabajo mejorar el puesto, subir en la jerarquía laboral.
Asistenta, la: mujer que trabaja en la limpieza del la casa.
Asistir: ir a un lugar, acto o celebración.
Astilla, la: trozo de madera, alargado y fino que salta de ella cuando se la golpea o se trabaja.
Atardecer: empezar a caer la tarde.
Atascarse: quedarse algo parado sin poder avanzar o moverse.
Atípico: lo contrario de típico, poco usual.
Atraer: dicho de una persona o cosa, hacer que vayan hacia sí otra cosa o persona: el imán atrae el hierro.
Atreverse a: vencer el miedo a hacer o decir algo arriesgado.
Augurio, el: presagio, anuncio de algo futuro.
Avistar: alcanzar con la vista algo. Ver algo a lo lejos.
Ayunas, en: situación de alguien que no ha comido nada, que no ha desayunado.
Azotar: referido a una enfermedad o epidemia, castigar, causar muchas víctimas.
Barbarie, la: falta de cultura, agresividad, crueldad, violencia extrema.
Barriga, la: parte del cuerpo que pertenece al abdomen, especialmente cuando es grande y abultada.
Barquillo, el: dulce típico de Madrid.

EN TU IDIOMA	EN ESPAÑOL

Barullero: que tiene tendencia al caos.
Basura, la: conjunto de restos de comida o materia de diversa procedencia que no tiene utilidad y se deposita en algún lugar para su destrucción o reciclaje.
Baúl, el: mueble antiguo de tapa semi-redonda que sirve para guardar cosas
Bendecir: pedir el favor o la protección divina por medio de un acto o palabra.
Biombo, el: estructura de paneles plegable, de madera u otro material, que sirve para diferenciar dos zonas dentro de un espacio.
Bisnieto, el: hijo del nieto de una persona.
Blusa, la: camisa para mujeres, muy femenina.
Boina, la: gorra tradicional de algunas regiones españolas. Es negra y redonda con un pequeño rabo en el centro.
Boletín de notas, el: documento en el que aparecen las calificaciones obtenidas en las asignaturas de un curso escolar.
Bota de vino, la: recipiente de piel que sirve para contener vino y beberlo.
Botijo, el: recipiente de barro que sirve para mantener el agua fresca. Es muy típico de España.
Botiquín, el: caja en la que se guardan medicamentos y elementos para primeros auxilios, como algodón, alcohol, etcétera.
Bricolaje, el: actividad manual que se manifiesta en obras de carpintería, fontanería, electricidad, etc. que se realiza en la casa sin la ayuda de profesionales.
Bronceado, el: color que presenta la piel después de tomar el sol de forma continuada.
Brusco: repentino, rápido, desagradable.
Bullicio, el: ruido y movimiento provocado por la gente que se concentra en un lugar.
Bullicioso: ruidoso.
Buque, el: barco.
Cachas, estar: estar fuerte, musculoso.
Cagada, la: caca, excremento.
Calmante, el: medicamento que sirve para calmar el dolor o los nervios.
Camello, el: animal que vive en el desierto.
Camilla, la: especie de cama con ruedas que sirve para trasladar a los enfermos en un hospital.
Candil, el: lámpara antigua a base de aceite.
Captura, la: acción y efecto de capturar.
Capturar: coger a un delincuente que no se entrega voluntariamente.
Carpa, la: tejado de tela que cubre un circo o un espacio amplio.
Carrera, la: estudios universitarios.
Carro, el : en Argentina, coche.
Cascarrabias: persona que tiene muy mal humor y siempre se está quejando de todo y se enfada con facilidad.
Cascos, los: auriculares, instrumentos que se colocan en la oreja para escuchar música.
Castigo, el: pena que se impone a alguien que ha cometido un delito o falta.
Castizo: típico, puro, genuino de cualquier país.
Catálogo, el: lista, relación ordenada en la que se incluyen o describen libros, personas, objetos, ropa, etc.

EN TU IDIOMA	EN ESPAÑOL

Celador, el: persona que trabaja como vigilante en una prisión.
Celulitis, la: grasa localizada en el cuerpo, generalmente en las piernas y el abdomen y que padecen especialmente las mujeres.
Centenar, el: cien.
Cepillo, el: instrumento de madera u otro material, con cerdas o pelos que sirve para limpiar algo, por ejemplo, un cepillo de dientes.
Cerda, la: referido al cepillo, pelo.
Certamen, el: evento que sirve para presentar y premiar determinadas actividades.
Certero: seguro, acertado, exacto.
Cesar: parar, dejar de hacer algo.
Cierzo, el: viento del norte.
Cinta, la: tejido largo y estrecho de seda que sirve para adornar el pelo o la ropa.
Cintura, la: parte más estrecha del cuerpo humano por encima de las caderas.
Circular: andar, moverse por las calles de una ciudad.
Cita, la: encuentro.
Cobertura, la: extensión o importancia territorial que abarca una cosa o una actividad.
Colchoneta, la: objeto rectangular largo y delgado que se coloca en el suelo para realizar ejercicios de gimnasia.
Coleta, la: extensión de pelo en la cabeza que se sujeta con una goma o lazo.
Colgante, el: cadena para llevar en el cuello.
Colocar: poner.
Columna, la: referido al cuerpo humano, huesos de la espalda.
Combatir: atacar y vencer algo que se considera negativo, un mal o daño.
Cometer: hacer algo negativo: cometer un crimen.
Comunicando, estar: expresión que se usa cuando se llama por teléfono y no se puede contactar porque el destinatario está utilizando el suyo.
Conjetura, la: suposición, juicio que se forma de las cosas por indicios.
Constatar: comprobar que algo es verdad.
Constipado, el: resfriado, pequeña enfermedad que afecta a la nariz y las vías respiratorias por causa del frío.
Contenedor, el: recipiente de grandes dimensiones donde se deposita la basura.
Contener: reprimir el movimiento de un cuerpo, no dejar actuar a un cuerpo o un sentimiento.
Contractura, la: contracción involuntaria de uno o más músculos. Generalmente es dolorosa.
Contraer: hacer algo más estrecho, reducir de volumen.
Convalecencia, la: período de tiempo que un enfermo pasa después de la enfermedad para recuperar las fuerzas.
Conveniente: oportuno, provechoso, que es bueno o beneficioso.
Convenir: ser bueno, interesante.
Convertir: hacer que algo cambie o se transforme en algo diferente.
Convocatoria, la: llamada o anuncio para hacer un examen o una reunión.
Coordinar: trabajar en cooperación con alguien para organizar mejor las actividades comunes.
Coro, el: conjunto de personas que cantan simultáneamente una pieza musical.

EN TU IDIOMA	EN ESPAÑOL

Corrupto: malo, torcido, que no es legal, honesto, digno.
Cotilla, el/la: persona a quien le gusta hablar mal y conocer la vida de otras personas.
Cotilleo, el: chisme, informaciones sobre otras personas, por lo general de carácter íntimo y personal, que se van transmitiendo de boca en boca.
Crédulo: persona que cree todo lo que le dicen.
Criterio, el: opinión.
Cuartel, el: alojamiento y lugar de trabajo de los militares.
Cubrir: tapar, poner algo encima de una cosa para que no se vea o para protegerlo.
Cuervo, el: pájaro negro que en algunas culturas tiene fama de traer mala suerte.
Cumplir: tener uno o varios años más de edad.
Cuneta, la: espacio situado a los lados de una carretera o camino.
Cura, el: padre, sacerdote, miembro de la Iglesia.
Curro: (coloquial), trabajo.
Cursi: se dice de una persona que cree que es elegante, pero en realidad es ridícula y de mal gusto.
Curvatura, la: desviación de la forma recta de algo.
Cutis, el: piel que recubre la cara.
Dañar: causar un daño o desperfecto. Perjudicar, maltratar algo.
Daño, el: desperfecto, consecuencia de un mal uso o maltrato de algo.
Dar corte a alguien: sentir alguien vergüenza por algo.
Darse cuenta de: notar, percibir.
Decibelio, el: unidad para expresar la relación entre dos potencias acústicas. Se usa para medir la intensidad de ruido que hay en un lugar.
Decorado, el: conjunto de elementos con que se crea un lugar o un ambiente en un escenario, plató, etc.
Degustar: probar una comida o bebida.
Delito, el: crimen.
Derrame, el: acumulación de sangre en una parte del cuerpo por rotura de los vasos sanguíneos. Hematoma.
Derrochador: persona que gasta su dinero de forma descontrolada.
Derrochar: gastar descontroladamente.
Desastroso: muy malo.
Descaizarse: quitarse los zapatos.
Descortés: que no tiene cortesía, buenos modos o educación.
Descuento, el: rebaja en el precio de una cosa.
Desmentir: demostrar que algo que se ha dicho anteriormente no es verdad.
Desorbitado: exagerado, demasiado grande o importante.
Despacho, el: oficina.
Despedir: 1. Decir adiós a alguien; **2.** En el ámbito laboral, dejar a alguien sin trabajo.
Despido, el: acto por el cual se deja a alguien sin trabajo.
Desventura, la: desgracia, mala suerte.
Detener: 1. En relación con la policía, coger a alguien y llevarlo a prisión; **2.** Parar.
Dignidad, la: comportamiento o actitud que aporta respeto a una persona.
Diplomatura, la: titulación correspondiente a 3 años de estudios superiores.
Diputado, el: representante político de un partido en el Congreso.

EN TU IDIOMA	EN ESPAÑOL

Discreto: persona que actúa con prudencia.
Disculparse: pedir perdón o excusas por algo.
Disminuir: hacer más baja o más pequeña la extensión, intensidad o la cantidad de algo.
Disponibilidad, la: referido a las relaciones laborales, el tiempo que el trabajador puede dedicar a la empresa.
Doblar: poner una parte sobre otra, doblar un papel, doblar las piernas...
Echar de menos: añorar, sentir la ausencia o la falta de alguien o algo.
Echar un vistazo a algo o a alguien: mirar algo por encima, revisar.
Emanciparse: independizarse.
Embarazo, el: estado en el que se encuentra una mujer cuando está esperando un nuevo hijo.
Embutido, el: tripa del cerdo rellena con carne picada y de diferentes sabores y colores: chorizo, salami, salchichón, morcilla, etc.
Empujón, el: Impulso que se da con fuerza para apartar algo o a alguien.
En efectivo/metálico, pagar: pagar con monedas o billetes.
En remojo, poner algo: meter algo en agua durante cierto tiempo.
Enfrentar: poner a alguien en contra de otra persona.
Engañar: no decir la verdad, mentir.
Enigma, el: misterio, algo que no se puede comprender o interpretar.
Ensoñación, la: sueño, representación fantástica, ilusión, fantasía.
Enterarse: recibir la información, saber, tener conocimiento de algo.
Entregar: dar.
Envase, el: recipiente para guardar cosas o líquidos.
Envejecer: hacerse viejo.
Envidia, la: sentimiento por el cual una persona desea ser igual que otra o tener la misma situación que otra.
Envidiado: persona que provoca la envidia de alguien.
Equivocado: erróneo, incorrecto.
Erguido: recto, derecho.
Escaparate, el: en las tiendas, ventana grande donde se muestran al público los artículos que se venden.
Escepticismo, el: desconfianza, duda de la verdad o eficacia de algo.
Escéptico: persona que no puede creer algo.
Escolar, el: estudiante de la escuela.
Escopeta, la: arma de fuego con dos cañones que se usa normalmente para cazar o matar animales.
Esperanza, la: estado de ánimo que hace ver posible lo que deseamos.
Esponja, la: objeto blando y poroso, sintético o de fibras naturales, que sirve para aplicarse el jabón en el baño o la ducha.
Esquina, la: parte exterior del lugar en que se unen dos partes de una cosa, especialmente las paredes de un edificio.
Estaño, el: metal.
Estimulante: que estimula o excita el tono vital.
Estirar: alargar algo extendiéndolo al máximo.
Estornudo, el: acción por la cual se expulsa violentamente aire de los pulmones de forma involuntaria por efecto de alergia o resfriado.
Estribo, el: pieza de metal que se usa para subirse a un caballo.
Estupefaciente, el: droga, sustancia narcótica que hace perder la sensibilidad, por ejemplo, la cocaína o la morfina.
Evitar: actuar para que no suceda algo que podría ser negativo o perjudicial para alguien o algo.
Exagerar: dar a algo más importancia de la que tiene.

EN TU IDIOMA	EN ESPAÑOL

Exaltación, la: excitación.
Excéntrico: persona de carácter raro, que se sale de la norma.
Exfoliante: producto cosmético que elimina las células muertas de la piel.
Éxito, el: resultado feliz de un negocio o actuación.
Exponer: explicar o presentar una idea u opinión ante un público.
Extinción: final de algo.
Extrañeza: 1. Cosa rara o extraña; **2.** Sorpresa ante un hecho extraño.
Extraterrestre, el: ser procedente de otro planeta.
Fálico: perteneciente o relativo al falo o pene. Relacionado con el órgano sexual masculino.
Fantasma, el: espíritu.
Feria, la: instalación que sirve para mostrar los productos de un sector industrial o comercial para su promoción o venta.
Financiar: poner el dinero necesario para una empresa o actividad.
Fisioterapeuta, el: persona especializada en aplicar la fisioterapia, método curativo por medios naturales o mecánicos como el masaje o la gimnasia.
Flipar: (coloquial), estar muy sorprendido.
Fofo: esponjoso, blando, fláccido, de poca consistencia.
Fontanería, la: oficio que consiste en la instalación y reparación de los conductos de agua.
Forastero: persona que viene de otra ciudad.
Forrarse: (coloquial), hacerse rico, ganar muchísimo dinero con una actividad.
Fortalecer: hacer algo más fuerte.
Fractura, la: rotura de un hueso.
Fregona, la: instrumento que sirve para lavar o fregar el suelo.
Gaseosa, la: bebida con gas muy refrescante.
Gato encerrado, haber: se dice cuando se sospecha que hay una causa o razón oculta o secreta.
Gestarse: formarse el feto dentro de la madre.
Gimnasio, el: lugar donde la gente hace ejercicio físico o practica deporte.
Girar: dar vueltas sobre un eje o alrededor de un punto.
Golpe militar, el: actuación violenta y rápida, generalmente por fuerzas militares o rebeldes, por la que un grupo toma el poder de un país desplazando a las autoridades del gobierno.
Grano, el: tumor pequeño que nace en alguna parte del cuerpo.
Gratitud, la: sentimiento que nos obliga valorar el favor que alguien nos ha hecho, a dar las gracias y corresponder de la misma manera.
Gritar: hablar en voz muy alta, levantar la voz más de lo acostumbrado.
Hábito, el: 1. Costumbre; **2.** Ropa especial que visten las personas que se dedican a la religión y viven en un monasterio.
Hacer codos: estudiar mucho.
Hacer falta: necesitar.
Hechicero, el: mago, persona que hace magia. En las tribus primitivas era el equivalente del médico.
Herramienta, la: instrumento generalmente de hierro que sirve para trabajar, construir.
Hexagrama, el: símbolo formado por seis líneas.
Higiene, la: limpieza del cuerpo.
Higuerón, el: árbol cuyo fruto es el higo.
Hombre del saco, el: personaje imaginario que los padres utilizan para dar miedo a los niños y conseguir que sean buenos. Cuando los niños no se portan bien "viene el hombre del saco y se los lleva lejos".

EN TU IDIOMA	EN ESPAÑOL

Homenaje, el: acto que se celebra en honor de alguien o de algo.
Honra, la: buena opinión y fama adquirida por una persona por su comportamiento y acciones.
Hueso, el: cada una de las partes duras que forman el esqueleto.
Huir: escapar, alejarse rápidamente por miedo. Evitar una situación.
Humanidades, las: estudios de las letras humanas, tales como la Historia, la Literatura, el Arte, la Filosofía, etc.
Impactante: muy sorprendente.
Impartir: dar clase de una asignatura o materia.
Implacable: que no se puede suavizar, mitigar, que es muy intenso.
Implante mamario, el: prótesis para aumentar los pechos.
Impresentable: persona que tiene una actitud socialmente inadecuada.
Impunidad, la: falta de castigo.
Incendio, el: fuego que afecta a una gran extensión de terreno o a un edificio.
Incertidumbre, la: falta de conocimiento seguro de algo.
Inconveniente, el: aspecto negativo de algo, desventaja.
Incrédulo: persona que no cree fácilmente lo que le dicen.
Incrementar: hacer algo más grande o mayor.
Indeciso: persona que no puede tomar una decisión o que no sabe qué hacer en determinada situación.
Indemnización, la: dinero que sirve para compensar un daño o perjuicio hecho a una persona.
Independizarse: hacerse independiente, dejar la casa de los padres para vivir solo sin depender económicamente de ellos.
Indicar: mostrar, significar.
Indiferente: que no siente interés por algo o por alguien.
Indiscreto: que actúa sin prudencia o discrección.
Infancia, la: primera etapa de la vida.
Ingenuo: inocente, persona sin malicia.
Ingrato: desagradable, desapacible.
Ingresar: entrar en un hospital para ser tratado por los médicos.
Intérprete, el: persona que traduce o explica en un lenguaje comprensible lo que está expresado en otra lengua o en un lenguaje simbólico.
Intrusismo, el: realización de una activad laboral o profesional por personas no capacitadas para ello.
Intuitivo: persona que percibe las ideas sin necesidad de razonamientos.
Inundación, la: efecto causado por el agua cuando llueve demasiado y se desbordan los ríos.
Inyección, la: aplicación de un medicamento líquido por medio de una aguja directamente en el músculo o en una vena.
Jornada, la: día, tiempo que dura el trabajo de cada día.
Jubilación, la: situación de las personas que tienen más de 65 años y ya no trabajan pero reciben una pensión del estado.
Jubilado, el: persona mayor de 65 años que ya no trabaja, retirado, pensionista.
Juez, el: persona con autoridad para juzgar en un tribunal.
Jugar una mala pasada: traicionar, fallar a alguien, influir negativamente.
Juguete, el: objeto que sirve a los niños para jugar.
Junco, el: planta que nace en lugares muy húmedos. Es largo y flexible, de color verde oscuro por fuera y blanco y esponjoso por dentro.

EN TU IDIOMA	EN ESPAÑOL

Juntarse: unirse.
Lamentarse: quejarse, sentir y expresar pena o contrariedad por algo.
Lanzamiento, el: acción y efecto de lanzar o tirar algo hacia arriba o en otra dirección.
Lanzar: 1. Tirar algo con fuerza en una dirección determinada; **2.** En el contexto de la moda: dar a conocer las nuevas propuestas de un diseñador para la nueva temporada.
Lata, la: recipiente de metal que sirve para envasar líquidos o comida.
Lazo, el: cinta. Tejido largo y estrecho de seda que sirve para adornar el pelo o la ropa.
Lesa humanidad (expresión): cuando se causa un daño contra las personas en general, contra el Ser Humano.
Leso: dañado, ofendido.
Licenciatura, la: titulación correspondiente a 5 años de estudios superiores.
Ligar: flirtear.
Ligón: persona que flirtea o tiene relaciones amorosas con frecuencia.
Limitar: en relación con dos países, tener una frontera común.
Limpiacristales, el: líquido que sirve para limpiar los cristales.
Liquidación, la: venta que hace una tienda de sus artículos a precios muy bajos por cierre o fin de temporada.
Liquidado: terminado.
Llovizna, la: lluvia fina que cae lentamente.
Lúdico: divertido, relacionado con el juego.
Macizo de calendario: expresión coloquial que se aplica a una persona que es muy atractiva físicamente.
Magnolio, el: árbol de flores grandes llamadas magnolias.
Maleducado: que se comporta sin educación ni cortesía.
Mancharse: ensuciarse, ponerse sucio algo.
Mantener la calma: no ponerse nervioso.
Manzanilla, la: infusión de camomila.
Maquillarse: ponerse cosméticos en la cara.
Marroquinería, la: artículos u objetos de piel y cuero.
Masajear: dar masajes.
Mascota, la: animal de compañía.
Masificado: lleno de gente.
Masivo: que se hace, se usa o aplica en gran cantidad.
Matorral, el: conjunto de plantas silvestres que nacen sin orden.
Matrimonio, el: unión de un hombre y una mujer que se realiza con determinados ritos religiosos o formalismos legales.
Medalla, la: pieza de metal con alguna figura, inscripción o símbolo.
Mejorarse: evolucionar positivamente en una enfermedad.
Merecer la pena: ser importante o estar bien empleado el trabajo que algo cuesta.
Mesón, el: bar típico donde se sirven bebidas y comidas.
Mimar: cuidar mucho, tratar algo con especial cuidado y delicadeza.
Misógino: persona que siente odio o rechazo hacia las mujeres.
Mistol, el: producto jabonoso que sirve para limpiar los platos.
Modelo, el, la: persona que trabaja en la moda, vistiendo los diseños para mostrarlos.
Módulo, el: unidad que forma parte de un conjunto. En la enseñanza, cada una de las partes en que se divide un curso.
Molar: coloquialmente, gustar.

EN TU IDIOMA	EN ESPAÑOL
	Monje, el: persona dedicada a la religión que vive en un monasterio.
	Motivo, el: razón.
	Mula, la: animal de carga, híbrido de burro y caballo.
	Muñeca, la: figura en forma de mujer o niño que sirve para jugar.
	Niñez, la: (ver infancia).
	Nota, la: calificación obtenida en un examen o asignatura de un curso.
	Obispo, el: miembro de la jerarquía de la Iglesia.
	Obstrucción, la: obstáculo que dificulta la circulación o el movimiento de algo.
	Obtener: conseguir.
	Olla, la: recipiente redondo que sirve para cocinar.
	ONG, la: siglas de Organización No Gubernamental. Organización que se dedica a prestar su ayuda solidaria.
	Onírico: perteneciente a los sueños.
	Organillo, el: instrumento musical típico de Madrid, parecido a un piano que se hace sonar por medio de un cilindro con púas movido por un manubrio y encerrado en un cajón portátil.
	Paladar, el: parte superior de la boca.
	Palillo, estar como un: estar excesivamente delgado.
	Paliza, dar una: golpear repetidamente a una persona.
	Palo, el: trozo alargado de madera. La expresión ¡qué palo! se utiliza para expresar fastidio.
	Pandilla, la: grupo de amigos que salen juntos para divertirse.
	Paperas, las: enfermedad infantil muy contagiosa que consiste en la inflamación de las glándulas del cuello.
	Paradero, el: lugar donde se encuentra algo o alguien.
	Parranda, la: fiesta nocturna que se realiza de forma bulliciosa y yendo de un sitio a otro.
	Pasarela, la: pasillo estrecho y elevado que sirve para mostrar los diseños en los desfiles de moda.
	Pectoral: perteneciente al pecho.
	Pedal, el: palanca que pone en movimiento un mecanismo presionándola con el pie.
	Pedalear: movimiento que se hace encima de una bicicleta.
	Pedicura, la: cuidado y arreglo de los pies.
	Pendiente, el: adorno para las orejas.
	Pensión, la: dinero que recibe un pensionista o jubilado.
	Pepino, el: cohombro, hortaliza verde por fuera y blanco por dentro, de forma cilíndrica; se sirve en ensaladas y es de sabor suave y refrescante.
	Pepona, la: muñeca grande que servía de juguete a las niñas.
	Tener cara de —: tener la cara redonda como una muñeca pepona.
	Perdición, la: cosa o persona que causa un daño grave.
	Perplejidad, la: confusión, duda, sorpresa.
	Persecución, la: acción o efecto de perseguir.
	Perseguir: andar detrás de algo o alguien de forma insistente y repetida.
	Pertenecer: ser de, formar parte de.
	Pesa, la: pieza muy pesada que se utiliza para hacer gimnasia y tonificar los músculos.
	Pesadilla, la: sueño malo y angustioso.
	Pesado: persona que insiste mucho en algo y cuya actitud cansa y agobia o estresa.

EN TU IDIOMA	EN ESPAÑOL

Peste, la: enfermedad muy grave y contagiosa que se sufrió en forma de epidemia durante la Edad Media.
Picapiedra, los: nombre que en España reciben los personajes de la serie de dibujos animados "The Flintstones".
Picar: comer una pequeña cantidad de comida entre horas.
Pila, la: pequeña batería que proporciona energía a aparatos pequeños.
Pintoresco: típico.
Piropo, el: cumplido que se hace a la mujer.
Plantilla, la: conjunto de trabajadores fijos en una empresa.
Pleistoceno, el: sexta época del período terciario que abarca desde hace 2 millones de años hasta hace 10 000 años. En el texto de la unidad quiere decir que algo es de una época muy lejana o antigua.
Por un tubo (expresión): muchísimo, cantidad enorme de algo.
Pormenor, el: detalle, elemento secundario.
Predicción, la: noticia o anuncio por medio de hipótesis o conjeturas de algo que va a suceder. Lectura del futuro.
Premonitorio: que anuncia o predice algo antes de que suceda.
Presagio, el: señal que anuncia un acontecimiento.
Prolongado: muy largo, que dura mucho tiempo.
Prolongarse: alargarse en el tiempo.
Promocionar: hacer publicidad de un producto para aumentar las ventas.
Pudor, el: sentimiento de vergüenza, intimidad.
Puente, estar de: disfrutar de un día libre que cae entre dos días festivos.
Puesto, el: pequeña tienda en un mercado al aire libre.
Puntilloso: persona que es muy minuciosa y estricta en todo lo que hace.
Quedarse: no irse.
Quejica: persona que se queja mucho, la mayoría de las veces sin causa.
Quizás: probablemente.
Rama, la: parte en que se divide una ciencia, un arte o una cultura.
Rastro, el: en Madrid, mercado al aire libre donde se venden todo tipo de objetos viejos o nuevos.
Realizar: hacer.
Recogida selectiva, la: retirar los restos de basura que se han depositado en contenedores especiales para cada material para llevarlos a reciclar.
Rectificar: 1. Corregir los errores de algo ya hecho; **2.** Cambiar de opinión.
Regar: echar agua en las plantas.
Regatear: discutir el precio de algo que se vende o se compra.
Regateo, el: acción y efecto de regatear.
Relajar: eliminar la tensión o el estrés. Normalmente se usa más el reflexivo "relajarse".
Remolino, el: forma de espiral que toma el pelo de algunos niños.
Rendirse: dejar de luchar y aceptar las condiciones del adversario.
Renunciar: dejar, abandonar voluntariamente algo que se tiene o que se puede tener.
Repartir: distribuir algo dividiéndolo en partes.
Reponerse: curarse de una enfermedad, recuperarse.
Repulsivo causa rechazo, asco por ser extremadamente desagradable.

EN TU IDIOMA	EN ESPAÑOL

Reputación, la: prestigio o fama que tiene una persona.
Resentirse: sentir pequeños dolores en el cuerpo a causa de la vejez o de alguna enfermedad antigua.
Respiración, la: movimiento por el cual el aire entra y sale del cuerpo.
Restricción, la: limitación impuesta en el consumo de determinados productos por causa de escasez.
Revólver, el: arma de fuego que se usa con una sola mano y que tiene un tambor con balas.
Rincón, el: 1. Ángulo que se forma en el encuentro de dos paredes; **2.** Espacio pequeño.
Riñón, el: en plural, parte del cuerpo que corresponde a la zona baja de la espalda.
Rinoplastia, la: operación de cirugía plástica en la nariz.
Rodaja, la: pieza redonda que resulta de cortar algo.
Rugir: sonido que hace el león. Se dice también del motor de una máquina.
Ruido, el: sonido desagradable y molesto.
Salpicado: manchado de un líquido que salta de forma brusca.
Secuestrar: retener a una persona para exigir dinero por su rescate o con otros fines.
Sedimento, el: materia que se posa en el fondo de un líquido.
Sensato: persona prudente y de buen juicio que piensa las cosas antes de hacerlas.
Sepultar: 1. Poner algo o a alguien debajo de la tierra; **2.** Esconder, ocultar.
Sequía, la: período largo durante el cual se producen pocas lluvias.
Serrar: cortar con una sierra.
Sierra, la: 1. Herramienta para cortar madera u otros materiales duros que consiste en una hoja de acero con forma de zig-zag; **2.** Conjunto de montañas cortadas, zona de montaña.
Silbato, el: instrumento pequeño y hueco que, si se sopla en él, produce un sonido agudo.
Sindicato, el: asociación de trabajadores formada para defender los intereses profesionales, económicos y sociales de sus miembros.
Soportar: aguantar, sufrir.
Sudar: salir agua del cuerpo, generalmente después o durante el ejercicio físico o por el calor.
Sugerir: aconsejar, hacer una propuesta.
Superdotado: extremadamente inteligente.
Suspender: no pasar un examen, obtener malas calificaciones.
Taberna, la: bar popular donde se sirven bebidas y, a veces, comidas.
Taco, el: palabra que suena mal y que se usa para insultar u ofender.
Tacón, el: parte trasera y alta del zapato.
Tapón, el: pieza con que se tapan las botellas u otros recipientes que contengan un líquido.
Tasca, la: taberna.
Tebeo, el: cómic.
Techo, el: superficie que cierra una habitación o espacio cubierto por la parte de arriba.
Teclear: escribir con el teclado de un ordenador.
Teledirigido: dirigido a distancia.
Temblor, el: referido a la salud, movimiento que está provocado por el frío, la fiebre o el parkinson.

EN TU IDIOMA	EN ESPAÑOL

Terco: obstinado.
Terso: suave.
Testigo, el: persona que ha visto todo lo que ha sucedido en un accidente o crimen.
Tiquismiquis: se dice de una persona que se queja o no acepta las cosas por detalles muy pequeños o sin importancia.
Tos ferina, la: enfermedad parecida al resfriado con tos muy fuerte.
Traba, la: obstáculo.
Tractor, el: vehículo con ruedas muy grandes que se usa para trabajar en el campo.
Traer: trasladar algo al lugar en donde se habla.
Traje goyesco, el: traje típico del s. XVIII representado en muchos cuadros de Goya.
Trampa, la: medio utilizado para engañar o perjudicar a alguien.
Transcurrir: pasar tiempo, suceder una acción.
Trasplantar: cambiar una planta de un lugar a otro.
Trasto, el: cosa inútil y vieja que ya no sirve para nada. Conjunto de los muebles de una casa.
Tratar de: intentar.
Traumatismo, el: lesión provocada por un golpe.
Treintañero: persona que tiene de 30 a 39 años.
Troncomóvil: en la serie de los Picapiedra, el coche que utilizan los personajes. Se llama así, porque en lugar de ruedas tiene un tronco de un árbol.
Tropezar: dar con los pies en un obstáculo cuando se camina.
Tumbarse: acostarse sobre una superficie.
Ugandés: habitante de Uganda.
Urbanita: persona que vive acomodada a los usos y costumbres de la ciudad.
Vaguear: gandulear, hacer el vago, no hacer nada.
Valentía, la: valor, cualidad del que no tiene miedo.
Variz, la: vena dilatada por efecto de la mala circulación de la sangre.
Varonil: masculino.
Verbena, la: baile al aire libre con música en directo, muy popular en las fiestas de verano.
Verdugo, el: 1. Persona que ejecuta las penas de muerte; **2.** Persona muy cruel que castiga demasiado y sin piedad.
Vertido, el: material de desecho que las industrias arrojan a los ríos, mares o terrenos.
Viga, la: pieza de diferentes materiales, larga y gruesa, que sirve para formas los techos de los edificios y para sostenerlos.
Virginidad, la: estado de una persona que no ha tenido relaciones sexuales.
Vistazo, echar un: examinar, ver superficialmente algo.
Vivencia, la: acontecimiento que se vive y marca a la persona.
Vomitar: arrojar o devolver por la boca el contenido del estómago.
Vómito, el: acción o efecto de vomitar. Líquido expulsado por la boca directamente del estómago.
Zoco, el: mercado.